大方廣佛華嚴經

八十華嚴講述 4

如來現相品・普賢三昧品

夢參老和尚主講

方廣編輯部整理

目錄

釋文

夢參老和尚略傳

夢參老和尚生於西元一九一五年，中國黑龍江省開通縣人。

一九三一年在北京房山縣上方山兜率寺出家，法名為「覺醒」。但是他認為自己沒有覺也沒有醒，再加上是作夢的因緣出家，便給自己取名為「夢參」。

出家後先到福建鼓山佛學院，依止慈舟老法師學習《華嚴經》，該佛學院是虛雲老和尚創辦的；之後又到青島湛山寺學習倓虛老法師的天台四教。

一九三七年奉倓老命赴廈門迎請弘老到湛山寺，夢參作弘老侍者，以護弘老生活起居半年，深受弘一大師身教的啓發。

一九四〇年起赴西藏色拉寺及西康等地，住色拉寺依止夏巴仁波切學習西藏黃教修法次第，長達十年之久。

一九五〇年元月二日即被令政治學習，錯判入獄長達三十三年。在獄中，他經常觀想：「假使熱鐵輪，於我頂上旋，終不以此苦，退失菩提心。」這句偈頌，自我勉勵，堅定信心，度過了漫長歲月。

一九八二年平反，回北京任教於北京中國佛學院。

一九八四年接受福建南普陀寺妙湛老和尚、圓拙長老之請，離開北京到廈門南普陀寺，協助恢復閩南佛學院，並任教務長。

一九八八年旅居美國，並數度應弟子邀請至加拿大、紐西蘭、新加坡、香港、台灣等地區弘法。

二〇〇四年住五台山靜修，農曆二月二日應五台山普壽寺之請，開講《大方廣佛華嚴經》（八十華嚴），二〇〇七年圓滿。

二〇〇九年以華梵大學榮譽講座教授身份來台弘法，法緣鼎盛。

二〇一七年十一月二十七日（農曆丁酉年十月初十申時），圓寂於五台山真容寺，享年一〇三歲。十二月三日午時，在五台山碧山寺塔林化身窯荼毗。

八十華嚴講述　總敘

二〇〇四年早春，夢參老和尚以九十嵩壽之高齡，在五台山普壽寺如瑞法師請法下，發願講述《大方廣佛華嚴經》；前後又輔以〈大乘起信論〉、《大乘大集地藏十輪經》、《法華經》等大乘經論，完整開演華嚴甚深奧義，實為中國近代百年難得一遇的殊勝法緣。

回顧　夢參老和尚一生學法、求法、受難，乃至發願弘法度生，儼然是一部中國近代佛教史的縮影；而老和尚此次開講《華嚴經》，剛毅內斂，猶如屋漏痕渾然天成，將他畢生所學之顯密經論、華嚴、天台義理，搭配清涼國師、李通玄長者的疏論，交插貫穿於其中，層層疊疊，彷若千年古藤，最終將華嚴七處九會不思議境界全盤托出。

夢參老和尚為圓滿整部《華嚴經》，以堅忍卓絕的意志力，克服身心的重重障礙；他不畏五台深山的大風大雪，縱使在耳疾的折磨下，也能夠對治一切病苦，包容一切的順逆境界，堅持講經說法不令中斷，寫下中國近代佛教史上九十歲僧人開講《華嚴經》的紀錄。

老和尚雖老耄已至，神智依舊朗澈分明，講法次第有序，弘法音聲偉岸，陞座講經氣勢十足，宛如文殊菩薩來臨法座加持，令親臨法會者信心增長；無緣親臨法會者，相信透過閱讀整套的八十華嚴講述，也能如臨現場親聞法義。

惟華嚴玄理過於高遠，聞法者程度不一，老和尚為方便接引初入門者，往往費盡心思，委委曲曲，勤勤懇懇，當機裁剪玄義，又輔之以俚語民間典故，情無不周，辭無不達，俾使初學者聽聞華嚴境界生起學法的信心；間或有不識老和尚悲心者，輕易檢點過失，如指窮於為薪，闇然不知薪燼火傳的法界奧義。

如今海內外各地學習華嚴經論者與日俱增，持誦《大方廣佛華嚴經》的道場方興未艾，方廣文化繼出版整套八十華嚴講述DVD光碟之後，秉承　夢參老和尚殷重之交付囑託，在專修華嚴法門出家法師的協助下，將陸續出版全套八十華嚴講述書籍。

最後願此印經功德，迴向真如實際、菩提佛果、法界眾生。

祈願　夢參老和尚長壽住世，法緣鼎盛，障礙銷除，廣利群生；

所有發心參與製作、聽聞華嚴法義者，福慧增長，同圓種智！

願此功德殊勝行
無邊勝福皆迴向
普願沉溺諸有情
速往無量光佛剎

凡例

本書的科判大綱是以《華嚴經疏論纂要》爲參考架構，力求簡要易解，如欲學習詳密的科判，請進一步參考清涼國師《華嚴疏鈔》與李通玄《華嚴經合論》。

書中的經論文句，以民初鉛字版《大方廣佛華嚴經》（方廣校正版《八十華嚴》）暨《華嚴經疏論纂要》爲底本；惟華嚴經論的名相用典，屬唐代古雅風格，與現代習慣用詞大相逕庭，尚祈讀者閱讀之餘，詳加簡擇。

凡書中列舉的傳說典故，係方便善巧，以得魚忘筌爲旨趣；有關文獻考證，僅在必要處以編者按語方式，註明出處。

夢參老和尚主講之《八十華嚴講述》正體中文版DVD光盤，業已製作完成，流通日久；惟影像的講經說法與書籍的文字書寫，呈現方式有所差異，爲求義理結構的完整敘述，書中文字略經刪改潤飾，如有誤植錯謬之處，尚祈不吝指正，是爲禱！

方廣文化編輯部　謹誌

如來現相品

○來意

〈世主妙嚴品〉講解完了，下面是〈如來現相品〉。〈世主妙嚴品第一〉，有五卷經文，這叫序分；〈如來現相品第二〉是八十卷《華嚴經》的第六卷，從此品經文開始叫正宗分。

我們從甲申年（二〇〇四年）農曆二月初二開始，講到現在，僅僅講了〈世主妙嚴品〉，這只是序分，現在正式開始解釋《大方廣佛華嚴經》的正宗分〈如來現相品〉。要解釋這品，先分析一下這品經文的來意，解釋「如來現相」的名字，說這品的宗旨和趣向的目的，完了就隨著經文逐一解釋。

「來意」分爲先後兩個，先者是「分來」，後者是「品來」。

什麼叫「分來」？全部《華嚴經》分成三分，序、正、流通，序分我們講完了，下面就講正宗，顯示這部經是什麼宗旨？這要先講「教起因緣」，華嚴這個大教、這個法門，興起的是什麼因、什麼處成的？處成就叫緣。說法得有「說法儀式」，就是說者來了要陞座，一個教要開始興起了，第一分就是來。序分講完了，正宗分來了，這叫「次來」。「次來」當中的第一個分，「教起因緣」，華嚴這個教義是什麼因緣開始的，其次是說法的儀式。

一切經都有序分、正宗分、流通分。佛在世是不是也這樣說的？佛法東渡，從印度傳到中國來。晉朝時候的道安法師，他是菩薩再來，淨土宗慧遠大師是他的徒弟，道安、道生都是大菩薩，乘願再來。道安法師判解諸經的時候，判成三分，後來的清光論師，他的論傳到中國來，證明道安法師的三分之說，序、正、流通，與古相合，說到這裡，我們加個說明。

道安律師其貌不揚，個子又小，他師父沒看得起他。有一天，要隨著大眾去勞動，他看別的師兄弟，師父都給部經本念，就是不給他，心裡有點不平。不平是一種，二者是他想讀經。

他說：「師父，你可不可以給我一本經念？」他師父很不高興，沒有好臉色給他，瞪他一眼，拿一本很小的，像《無常經》、《八大人覺經》、《四十二章經》這類短的經文給他。白天到地裡勞動，坐下休息，這個時間才能念經，而且念的時間很短。

他晚上回來，說：「師父你再給我換一本！」他師父已經很不高興了，沒好氣，就又給他一本。第二天晚上他又來了，「師父，您再給我換一本。」他師父就發脾氣了，說你有好多時間能讀什麼？又拿出來一本厚的給他，免得天天麻煩，到晚上他又回來了。他說：「師父你再給我換一本！」

他師父這次就注意了，說「你這部經看了嗎？」他說：「不但看了，我還會背。」他師父就從後頭問他，他都能倒背如流。怎麼叫倒背如流？你隨便你在哪段經文問他，都能答的上；這時他的師父才知道，道安是大智慧者。

最初翻經的譯場，道安律師就說三不譯、五不翻，因爲翻經很不容易，第一個把梵文譯成中文，不容易。文字的結構，義理的含攝，又要把印度的風土人情翻到合乎我們的風土人情，很不容易了。

這個講起來很長，現在只是講道安律師的事蹟，大家可以看看〈道安傳〉。我感覺諸位道友，學經是不錯的，歷代祖師的傳，〈高僧傳〉、〈神尼傳〉可以看一看。千萬不要覺得比丘尼跟比丘不同，有的比丘尼超過比丘。

看看〈神尼傳〉，那些比丘尼的師父怎麼修道的？怎麼悟道的？怎麼證道的？現在當代的比丘尼，例如現在的通願法師，大家都知道了。還有圓照法師，我一九三六年到般若寺跟倓虛老法師傳戒，那時候她開辦女子佛學院，別說在東北，在國內也很少了。

圓照法師火化時，心臟不壞，心臟現在還在終南山的山頂上，封到她原來住的茅蓬裡；因爲大家爭著供養，陝西佛教會宗教局把她封到那裡，不要爭了。爲什麼？她能夠啓發我們學習的精進心，因此祖師的列傳要多看看。

道安律師當初判序分、正宗分、流通分這三分，開始譯經，就把全部的經文分爲序分、正宗分、流通分；當時有人不同意這種判法，後來清光論師所造的〈佛地論〉傳入中土，這部論就說明佛在世說經的時候，就有序正流通這三分。

「序分」就是說經的次序，在這次序當中，有一種是「通序」，還有一種是「別序」。

什麼叫「通序」？各個經都通，叫「通序」，「別序」說這部經是佛說的，大衆的不同，聞法者的不同，請法者的不同。有的請法者是阿羅漢，《華嚴經》〈淨行品〉是智首菩薩向文殊師利菩薩請，沒有請佛；《華嚴經》是菩薩請菩薩說，佛在上頭坐著，這個菩薩到那個菩薩，請你給我說一說。

《華嚴經》的另一個特殊點是，請法者不只問一個問題，〈淨行品〉智首菩薩問文殊師利菩薩，一問就一百一十個，〈離世間品〉普慧菩薩問普賢菩薩，一問就問了兩百個問題。像我這樣的蹩腳法師，恐怕問我十個問題，我就煩了，哪能一百個兩百個一起問。

他一起問，普賢菩薩是問一答十，有很多的是經外的問題，「普慧雲興二百問」，像雲一樣，兩百個問題像一層雲一層雲湧來的。答覆者怎麼樣答覆的？「普賢瓶瀉兩千酬」，普賢的答覆像拿瓶子倒水似的，要好多給你好多，瓶瀉就是瓶子倒水，兩千酬，問一答十；你問我一個問題，我給你答十個問題，十個不同的作法。

我剛才說〈淨行品〉，智首菩薩問文殊師利菩薩，問一百一十個問題，文殊師利菩薩答他一百四十一個願。如果不詳細的深入研究，以為是所答非所問，智首菩薩他問如何成佛？文殊師利菩薩卻答你上廁所怎麼上，吃飯怎麼吃！好像所答跟所問的不同。智首菩薩問的是成佛，文殊師利菩薩沒有說修行，而是日常生活。嚼楊枝的時候，應當說什麼？漱口時應當說什麼？盡是生活上的事，好像所問非所答，問號跟答案不一樣。其實他正是答你的，你不想得到嗎？你這樣做就得到了。

大家知道序分跟正宗分的涵義是什麼？序分就是序說，每部經前頭都有序說，爲什麼要說這部經？例如《楞嚴經》，《楞嚴經》的發起是因爲摩登伽女用幻術把阿難尊者迷惑了，那時，佛用慧眼一觀知道了，因爲阿難乞食沒有回來，完了佛讓文殊師利菩薩持楞嚴咒，把阿難攝受回來。

每部經發起的序分，沒有像華嚴這麼複雜的。我們講個序分，斷斷續續講了三個多月。

正宗分，宗是宗旨，宗是主宰義，一部經最主要的是正宗，到後面的流通分就容易了。序分就是序說，還沒有開始。凡是佛所說經的都是在正宗，告訴你怎麼樣修行？怎麼樣入道？不注重序分。

《華嚴經》不同，所以序分講了很久，證明這一部經的要義。我們講《楞嚴經》，佛把阿難攝受回來的時候，阿難見佛，禮拜、痛哭流涕，才知道自己的道力不夠。若是道力夠，迷惑不了，問題出在自己的身上，自己還沒有理解的。《楞嚴經》第一卷，阿難見佛之後，佛就以問答形式，陸續給他說法，也給他說〈楞嚴咒〉。

《華嚴經》的正宗分就不同。先說果德，「如來出現」，盡講果德的事，佛怎麼修行的、怎麼成道的。流通分，流動不滯礙，像水流動，沒有阻礙，不滯礙、不壅塞，也就是沒有障礙的意思。那就告訴你，正說你怎麼樣修行，或者修觀，或者修行，或者是讀誦，或者是禮拜、懺悔，告訴你達到成果的修行方法。完了才能無礙，才能流通，把這個道理傳之於後世。序分、正宗分、流通分，這叫三分。序分講完了，現在講正宗分，等把正宗分講完了，再講流通分。

我們講《華嚴經》，又把《華嚴經》分成四分來解釋，哪四分？信、解、行、證，「舉果勸樂生信分」、「修因契果生解分」、「托法進修成行分」、「依人證入成德分」。

第一會在菩提場。從〈世主妙嚴品〉至〈毗盧遮那品〉，這叫「舉果勸樂生信分」。舉佛的果德，勸你生信心，勸你生歡喜心，勸你希求，勸樂生信。你生信才能夠去做，才肯學。如果連信都不信，怎麼能去修行？舉如來的果德，先讓你看看華藏世界是什麼樣子？佛的依正二報不可思議的事，其實在序分已經說了一些。

從佛的座下出來那麼多的大菩薩，這都是依報。有那麼多的菩薩，有示現鬼的，有示現神的，示現的各種形相不同了，都是果地上的大菩薩。你沒有讓他信服的，他怎麼會能信？感覺著殊勝境界，他生起好樂，信。信佛的依正二報的所有感的果德。這裡頭就含著勸當機眾，佛說法是對機的，華嚴法會上來的當機眾，他一聞到生起欣樂心，生起信心，而且生起的信是清淨信。

這個所說的道，如來依正二報，生起的道是什麼道？菩提道。菩提就是道，覺悟的道。但是不要拿六祖大師的偈頌來駁斥，「菩提本非樹」，跟我們講的菩提就是道，這兩個不是相反的嗎？六祖大師說的偈頌，「菩提本非樹」是不要執著菩提的涵義。如果不解釋清楚，語言上容易產生毛病。說菩提就是道，菩提即是道，可市六祖大師又說的「菩提本非樹」，這不是矛盾嗎？

這個地方所舉的如來依正二報是不可思議的。怎麼樣能生信？「毗盧遮那」是印度話，翻成華言是「偏一切處」。不但依報是指一切處說，正報也是一切處，正報就是身，依報是國土，華藏世界是依報，毗盧遮那的依報是華藏世界。毗盧遮那佛的法身是正報。

先舉毗盧遮那的依正二報，你一聽，生起大歡喜，想要得到，想要成到毗盧遮那佛。完了，他告訴你，你自己就是毗盧遮那。開始講《華嚴經》的時候，我講了好幾座，就是信你自己是毗盧遮那，同時我們在講〈大乘起信論〉，相信你的心就是毗盧遮那，不過是有個迷和悟，一旦悟得了，一切都是道。

道也是比喻的意思。我們走路的道，從你住的寮房走到法堂，得一步一步的走來，我們住的房間各個不同，院落各個不同，四面八方，但是你行的都是到法堂的道，目的是到法堂，這就對了。菩提道無量無邊，只要達到成就菩提，就對了。

在〈世主妙嚴品〉，我們舉那麼多護法、菩薩，法會的大衆都是來求道的，他們走的都是菩提道。菩提道，分正報也分依報，菩提樹本身就是依報，菩提場都是依報。這就是《華嚴經》的境界，依即是正，正即是依。無情就是有情，有情示現無情，不止華藏世界，極樂世界也如是。大家要生起信心，「毗盧遮那」就是徧一切處，我們法堂徧不徧？五臺山徧不徧？普壽寺是不是華藏？是不是毗盧遮那？要生起信心，「總教何處不毗盧」，一切都是毗盧遮那佛，依報也是，正報更是了，一切都是。這是信分。

你的信還不明白，只是一個欣樂心。你得解釋一下，解釋就進入，信分就應當解，因爲信了，你才去求解。若是不信，連理都不理，還解什麼？信完了就要了解。了解就不是第一會，了解的時候就叫第二會。第二會在什麼地方？普光明殿，不是我們這個法堂，要到律宗部的普光明殿，你相信嗎？我們的法堂就是菩提場，普光明殿就是二會，你信不信？信不信由你。信也好，不信也好，你可以作這樣理解，我們這個就是菩提場，毗盧遮那徧一切處。我們的法堂就是菩提場，二會普光明殿就是我們那個普光明殿，但是我們不一定到那兒說去，在這裡說也可以，在這裡學也可以。

二會普光明殿，信了之後就說，前面叫信分，這個是解分。第二會在普光明殿，大家的信心都是成就了，從初信到十信。第三會在忉利天宮，忉利天宮說十住法門，第四會在夜摩天宮說十行法門，第五會在兜率陀天宮說十迴向法門，第六會在他化自在天宮說十地法門，第七會叫重會，又回到普光明殿說十定法門。十定、十通、十忍，這舉個十定，這叫「修因契果生解分」。「修因」，因要跟果合，契合的意思。因，漸漸地成就了，所以在兜率天宮說十迴向，第六會則是在他化自在天宮說十地。第七會是重會普光明殿，七處九會，普光明殿就佔了三會，三次在普光明殿說。

這個時候不是證也不是行，而是解。解就是知道了，十信，哪十信？有十位，信心、念心、精進心、慧心、定心、不退心、護法心、迴向心、戒心、願心，最後是願。十個信心，先是信，信完了就念。念完了就精進，生出智慧來了，我們說定生慧，這是慧生定，有了慧心，才能有定心；定住了才不退。護法心很難，出家二眾是內護，在家二眾是外護。所說的護法，如果有人破壞法，如果你是信位成就，護法心的信位菩薩，可以捨身命，法重身輕。就是法威命賤，法是重的，生命是微賤的，捨棄生命來護法。

迴向，迴你的因心向果德，迴你所做的一切事，這也叫迴惡向善，把你一天所做的事迴向。看你向什麼？我們有些弟子，在家二眾，做生意發財，把你念經的、修行的功德迴向發財，給父母，給你的親戚。他得了疾病，那就把你所的功德迴向這個疾病，讓他疾病消失，這都叫迴向，迴向的意思很廣。這裡說的迴向是心，生起一個迴向的信心，這屬於信心的。信心的迴向心，迴向心是第八種。第九種叫戒心，第十叫願心。

舉這些名字是三賢位的，現在大家還沒有進入三賢位，十信滿了才進入三賢，十住位，這個時候才說發心。我們現在是毛道凡夫，說你現在的這個信，就像虛空中的一根毛似的，什麼風都經不起，微風吹都不曉得飄到哪裡去了，沒有根的毛道凡夫。有了信，信生了根，小風吹不動了，面對大風還是不行，這叫十個信心。

以下是十住。十信滿心了，願心。願什麼？發願脫離凡夫境界，要入聖人境界，發願成佛，這個時候到十住的初心，發心住。這種發心就是真的了。發菩提心，行菩薩道，成就佛果，你這個心住住了，一發心就住在發心上，叫發心住，我們這個發心一會就沒有了，早晨發心到中午就沒有了，可能還到不到中午，發完心了，另一個念頭來了，隨著跑了，第一個是發心住。

第二叫治地住，第三叫修行住，第四叫生貴住，第五叫方便具足住，第六叫正心住，第七叫不退住，第八叫童真住，第九叫法王子住，第十叫灌頂住。十住又往前進了，十行，歡喜行、饒益行、無恚恨行、無盡行、離癡亂行、善現行、無著行、尊重行、善法行、真實行。相信見真理，三賢位，三十位菩薩都是叫相似見真

如來現相品 第二

○來 意

理，就是我們說相信自己是佛，相似不是眞實的。

灌頂住滿了，灌頂住就受佛的灌頂，初住菩薩就能示現佛身。還可以示現成佛，等我們學到那個位置上再講。

以下就是十行，跟著自己信而解的，明白的去修行。這有十個，歡喜、饒益、無恚恨、無盡、離癡亂、善現、無著、尊重、善法、眞實行。

十迴向？救護一切衆生、離衆生相迴向，初向的菩薩，度衆生不見衆生相；不壞迴向、等一切佛迴向、至一切處迴向、無盡功德藏迴向、隨順平等善根迴向、隨順等觀一切衆生迴向、眞如相迴向、無縛無著解脫迴向、法界無量迴向，到這個位置進入初地，初歡喜地。久遠劫來，相信自己是佛，這個時候見到一分，生大歡喜，見一眞法界。把一眞法界分成十分，只見到一分，眞實的見到法性理體，生大歡喜。爲什麼生大歡喜？原來是我本具的。現在知道我本具的佛性顯現了，顯現的還不夠，僅僅是一分。

這五十位，十信十住十行十迴向，完了到十地。爲什麼《華嚴經》這麼長，這是講五十位，一地一地的講。怎麼樣修？怎麼樣做？善財童子這五十三參，就是根據這個五十三個位置來的，最後入法界，那一參不容易。

十地？歡喜地、離垢地、發光地、燄慧地、難勝地、現前地、遠行地、不動地、善慧地、法雲地，這叫十地。十地滿了，這才是普賢菩薩說的。《華嚴經》講十定，每個三昧都有三昧的名字。這可不是〈教乘法數〉上世間的禪定，四禪天、人間定、輕安，完全不同。

十定？普光大三昧、妙光大三昧、次第徧住諸佛國土大三昧、清淨深心大三昧、知過去莊嚴藏大三昧、智光明藏大三昧、了知一切世界佛莊嚴大三昧，這都加個「藏」是什麼涵義？一個定的名字包括無量無邊的三昧，「藏」是含藏義。一個三昧，無量無邊的三昧，就是一切動作都在大定當中，到〈十地品〉，全是在定。你看這身口意三業都在動，其實沒動，都在定裡頭。了知世界佛莊嚴大三昧、衆生差別身大三昧，衆生的差別身無窮無盡的，到了這種境界，全部都知道。知道你這個差別身是什麼因緣？什麼果報？那一個差別身什麼果報，能知道你的無量劫因緣。法界自在大三昧、無礙輪大三昧，這是十定。

完了講六位，六位把十信給取消了，沒有十信。十住十行十迴向十地四十個，等妙二覺，十住作爲一位，十行作爲一位，十迴向作爲一位，十地作爲一位，等覺一位，妙覺一位，六位。完了，講十身，這都是普賢菩薩說的，三會普光明殿說的十身，菩提身、願身、化身、住持身、相好莊嚴身、勢力身、如意身、福德身、法身、智身。

說了這麼多名相，只是了解；信分、解分，了解了。了解什麼？吃稀飯也是飽肚子，吃稀飯飽肚子飽的時間不長，大米飯也飽肚子，饅頭花捲都飽肚子，不同

○來 意

的。他飽的時間好久，你的愛好如何，這個衆生愛吃饅頭，那個衆生愛吃花捲，那是都是麵粉做的，麵包又不同，加上白糖冰糖加上那些香料，作爲點心，果品都不同。這只是了解，了解要做不做？信解，僅僅是解，解還沒有得到，明白了，明白怎麼做？還得去做。

第三就是行分，行就是運動，這個運動是不停的。我們的心念，在《華嚴經》講是剎塵心念。這心念，複雜的很，行就要去做。

第八會又在普光明殿說，誰說？普賢菩薩說。〈離世間品〉，學到那品就知道，那品經文說的時間非常長。普賢菩薩說了兩千個修行的方法，因爲普慧問他，怎麼樣成就佛果？普賢菩薩跟他說了兩千，這兩千都在行分當中。普慧菩薩問他怎樣能夠進入？解了，明白了，還得去做！怎麼樣做？做完了才能證，普賢就說了兩千。

這個標題叫「托法進修成行分」，托法是法身那個法（法性），依著法性理體而起修，全修在性。「托法進修成行分」，行成就了。

中間的這一段經文「修因契果生解分」，又叫差別因果周。在差別因果周當中，你明白了、悟得了，隨舉一行，就是兩千行的當中，你修一個，不是講頓修嗎？這叫頓修，六位頓修。信不算，住行向等妙二覺地，住行迴向十地等覺妙覺，六位一成一切成，六位頓修，所以你從初住發心的時候成就，一直成就，六位全成就。

最後的第四分，叫「依人證入成德分」。第九會逝多林，逝多林就是殊勝的一個林園，就入法界。

前面修普賢行，那行就叫普賢行，普賢的行願，把行門變成行，行者就是普賢行願；行是運動義，行是法門義，說普賢大行的法門就是普賢的法門。事事都能顯理，理能成事，達到事事無礙。

從解的方面有二千，從入手證入的方面僅是一個。一成一切成，兩千個法門，你修一個，只要修成功，證入成德。大行就是爲了顯理，大行是事。以後入法界，善財童子參這些善知識，隨他所見所聞，一個善知識是一位，聞了就入，入了就證。他參這個善知識給他說個法門，等他從這個善知識走到參第二個善知識，他就證得了這個善知識給他說的法。在他走路當中，他修了，依著這個善知識教導，他就修了，修了就證入了。凡是善知識跟他所說的所見所聞，無不證入，這叫證分。

把信、解、行、證這四分標名，標出題目來了，以下就開始做，還是得從信來。舉佛的果德，勸你希求生信心，要生信心又分做四科。第一個是舉果勸樂生信，把這個分成教起因緣分。《華嚴經》這個大教是什麼因？什麼緣？爲什麼佛要說《華嚴經》？先說因。緣是助成的，因是生起的，生起這個因助成就這個緣，這個教義的生起因緣是什麼？說第二品〈如來現相品〉的說法儀式，每一會說法的儀

如來現相品 第二

◯來 意

式是不同的。第三正式說法，說法海分，每一法像海那麼深，像海那麼廣。海是形容詞，形容這個法。這是四個分科當中第一分，就是三分之中，說第二分，那是舉其大科。以下說這個品的來源、品的涵義。

「品」的梵語是「跋渠」，也就是品和類的意思，說這一品就是關於這一類的內容，這樣涵義。凡是同類的，「方以類聚，物以羣分」，凡是這個都是同一類的，這叫一段，這一段叫「品」，三十九品這樣解釋「品」字。那麼把這四分當中的，每一個都有個序正流通，每一品前一定要說個因由。說個啓示，完了正式說修行的道理。修行的進修、法門的行動，每一品都有，完了，讓一切衆生都去學這個法門，都去做這個法門，這就屬於流通。

詳細講這個「品」字，有兩種的涵義。先說「品」的名字，原文叫「跋渠」。就說這一段的章句，它的道理是什麼涵義，就叫「品」，一個大衆所集會的，集會了他有些不明了，不明了就要問，這叫「疑」，有疑必須問，對這個現相的懷疑一定要問，問的時候要徹底，你要眞正的明了。有好多的道友，學的時候問一問，說者還想給他說，問者不耐煩了，他說會啦！其實他不懂，表示不耐煩了。現在我們的道友就是這樣子的，我當學生的時候也是這樣子。必須眞正的徹底，有疑必須問，必須問到確確實實的眞正明了爲止。你不明了，你怎麼進修，在修的時候出了問題，出了障礙，你解釋不了了，事先就把它問的通通順順的，等到障礙來的時候，你就認識到了。

我記得永嘉大師的〈證道歌〉有這麼兩句話，「圓頓教、無人情」，圓法頓法的大教義，絕對不講人情的。再好的同學，再好的道友，或者師徒之間都可以，說我有疑，對這個問題我懷疑，還沒有徹底的相信。有疑就是不信。「有疑不決直須諍」，諍就是辯論，非要問個究竟不可，爭個面紅耳赤都沒有關係，可別打架，因為打架了常住要開除的，在這兒住不成，別打架，不打架就不要緊，但是我們這是教理，非弄清楚不可。

念佛，有人說你口念不行，必須得心念。另一人說不，非要口念，心裡念不行。那個就說，口念沒的用，念破嘴唇子也生不到極樂世界。要怎麼樣？心念？心念念到無念的念，能念佛的人沒有，所念的佛也沒有，能念所念心空寂，寂靜下來。對這個問題不相信，就諍了。

到底是心念？口念？有人就問我：「老法師念佛是口念？還是心念？」我說：「口也要念，心也要念。」他說：「人家說那樣就是口念！」念佛，口念心不念，口受誰的指揮？你的心不動念口裡會念嗎？你念可以去煩惱，要心控制住念佛。心也要念，口也要念，有時口念心不念，有點功德了，這是世間的福。心念口不念，沒辦法去除你昏沈的煩惱。我是這麼理解的。

口念心不念，容易散亂，我們念佛的道友可以這樣觀想一下，是不是這樣子的？口念心不念，心裡妄想紛飛。心念口不念，念念就睡著，心裡也不念了。口念心念，當你散亂的時候大聲的念，念頭就集中。昏沈也如是，提起精神來，大聲警策自己不要沈寂，沈寂了就墮落了；或者變成豬了，因爲豬一天當中盡睡覺，吃飽了就睡。那是散亂心太重的。或者你變成猴子，一天蹦蹦跳跳，在樹枝上來回跳。你會墮這兩道的畜生。既不散亂也不昏沈，正念現前，這就靠得住。我這是舉例說明這種涵義。

「品來」，也分爲二種，「一前辨衆集，今顯疑現相；二前明舊衆，今辨新集。」

前面〈世主妙嚴品〉說這麼多，爲什麼到了第二品才說「如來現相」？〈如來現相品〉這品是怎麼來的？前面只說「如來現相」，還沒有講到題，因此先要辨別明白，先說方便。

現在來法會的大衆，先一類一類辨別，那是在菩提場的時候，哪類的菩薩坐在哪個方向，非常有次序，也沒有糾察師指揮，也沒有知客師安排，誰來了，不要知客師領，也沒有糾察師，自己就進入菩提了，各各入座。

「辨別衆集」，有什麼懷疑？有什麼現相？當然有懷疑，沒懷疑誰啓問！一啓問，法會就是解決疑的，每個法會都是解決疑的，也就是永嘉大師的「有疑不決直須諍」。須菩提他就有所懷疑，《金剛經》上不是講嗎？怎麼樣住心？我不明白，這叫疑，怎麼樣降伏心，請佛說一說，這叫「顯疑」。

《華嚴經》在序分當中，有的是舊眾，以前常隨佛的，有的是新來的，以前沒有親近過釋迦牟尼，也沒有親近過毗盧遮那。學《華嚴經》的，一定要理解三身一體，唯獨《華嚴經》，化身、報身、法身三合一，不是化身佛說的，法身根本不說法。大菩薩眾都是報身，報身的示現就是大化。大應身，大應身的釋迦牟尼佛；大家都讀過《梵網經》，盧舍那佛坐著一千葉蓮華。一個蓮華是一個釋迦牟尼佛的國土，一千個蓮華一千個身，這一千個是應身。每一應身千百億化身，小化，應身化千百億，在《華嚴經》上，法、報、化三身一體。化身即是報身，即是法身，沒有大應小應。但是今天來集會的大眾，有的是佛的常隨眾，有的是以前從來沒有親近過釋迦牟尼，現在才來。佛佛道同，哪尊佛都如是，法報化三身。

如果大家讀《地藏經》，地藏菩薩不是釋迦牟尼佛的弟子，是從他方世界、南方世界來的。在佛跟菩薩是沒有分別的，佛佛都是老師，都是自己的老師，何況法身是一個！等你到極樂世界，等你開了悟，你就知道，釋迦牟尼佛、阿彌陀佛原來是一個。現在我們還不明了。「舊眾新集」，新來的菩薩，與舊有的菩薩，同在這個法會當中，這是解釋來的大眾。

○釋名

以下叫「釋名」。這部《大方廣佛華嚴經》是什麼宗旨？說明這部經的目的，既不是前面的序分，也不是後面的流通分，而是正宗分。在正宗分的四分當中，首先是「舉果勸樂生信分」。

這個字不念快樂的「樂」，而是希求的「樂」，「樂」是希望，舉佛的果德，勸這一切的希樂進入佛門，希樂成佛的，要先信。信什麼？信佛的依正二報，信佛的果德。你沒有信怎麼能進？還怎麼學？勸一切衆生先信，信了就希樂，希樂也成毗盧遮那。所以這一段經文，又叫「所信因果周」。所來的大衆、所獲的依果會，依正二報都如是，顯佛的果德。

「釋名」是解釋名字，名字是〈如來現相品〉。「如來」是能現的人，「現相」是指法說的，相就是法。這裡頭有體有用，依五種涵義來解釋這品。

先解釋「如來」。「如來」是梵語，印度話叫「多陀阿伽陀」，翻譯華言是「如來」，一般佛的十號，我們說如來德號的時候多解釋爲「如來」，什麼叫「如來」？「如來」的涵義，一種是約理上來說，一種是約智慧來說，一種是約行來說，一種是約離相來說，最後約融攝來說，用五種涵義解釋「如來」。

法性就叫「如來」，現在我們也具足佛性，但是我們的法性有障礙，這是業。法性叫「如」，除了障叫「來」，「如」是平等平等的。「來」就不同了，有的地方說言無虛妄，就名「如來」，所有言說都是眞實的，那就是「如來」的涵義。〈轉法輪論〉，第一義諦就叫「如」，證覺就叫「來」，正覺跟第一義諦合起來，就叫「如來」。在般若部說「如來」，叫離相；離一切相，無所從來，亦無所去，無來無去，這是就般若義說離相如來。融攝說？如即是理，理即是智。如來就是理智，有時候把理智分開，有時候不分，理即是智，智即是理。「如」就是說法相，本體，「如」外無法，「來」也就是「如」，無來無去，這是解釋眞如的「來」，這種如來的涵義深了，「如」者如如不動，「來」就是化度衆生。

「如來現相」，現什麼相？現相有五種，召十方大衆來的法會，從佛的面門放光的光相，從眉間放光的光相，來警告所有在會的大衆；我們前面講「動」，震動塵剎，現這個相，佛前現花，白毫出衆，白毫相光，說「如來現相」就是這個涵義，「品」就是這一類的法。

○宗趣

〈如來現相品〉，以「宗趣」來說，「宗」是他的宗旨，這一品的宗旨是什麼？宗旨就是趣向，這是就「宗」上來說，分成兩種，一個「分宗」，一個「品宗」。「分宗」就是「佛果無邊剎海具三世間無盡自在」，以這個為宗，徧三世間，這是自在的。一切大菩薩發生清淨信心了，清淨信，完了修行去追求，這叫「趣向」。

〈如來現相品〉的「品宗」是「以光相表示為宗」，光中所有的智慧，光中所說的語言，沒有語言的語言，光就代表語，這就是「趣」，就是他所趣向，或者是光明相，或者是身光相，或者作為頭光相，有這些差別。

在〈疏鈔〉中有幾個偈頌，大家可以做參考，〈疏〉是略說，〈鈔〉是解釋〈疏〉的。當初清涼國師作了〈疏〉之後，弟子看不懂，要求清涼國師再作解釋，清涼國師又作一個〈鈔〉，〈鈔〉是解釋〈疏〉的，〈鈔〉就解釋的詳細一點，〈疏〉就略一點。

「如來現相」講的是佛的果德，偏重於佛所示現的依正二報，這個偏重還是作的依報多，「十方剎海叵思議，佛無量劫皆嚴淨，為化眾生使成熟，出興一切諸國土。」說佛所的依報，佛說的剎土，一般說三千大千世界，《華嚴經》講華藏世界，華藏世界又加個「海」，「刹」就是土的意思，這是不可思議的。佛經過無量劫那麼長的時間，嚴淨他所說法的處所、行道的處所、居住的處所，目的是什麼？有個處所才能容衆，我們建寺修廟安僧就是爲了化度一切衆生，因爲這個緣故才出現世間。

「所說無邊衆刹海，毗盧遮那悉嚴淨，世尊境界不思議，智慧神通力如是。」這個偈頌還是說嚴淨佛國土，「如來現相」主要是有相法門，依正二報都是有相法門。無邊刹海，只是器世間，毗盧遮那是正覺世間，三世間，這個三世不是過去現在未來，三世間就是器世間、正覺世間、衆生有情世間。這三種世間，佛都是自在的，有情世間也如器世間，器世間也如有情世間，因此說「華藏世界所有塵，一一塵中見法界，寶光現佛如雲集，此是如來刹自在。」

這三個是解釋無盡的意思，三種世間都是無盡的，這是「如來現相」。

「品」，就是這一品經文，正宗分的第一品，解釋這品的名目，爲什麼叫「如來現相」？一切菩薩、神、天衆都集會在這個法會當中，他們用心念請法，心念請法就是就是意，不是說，沒有言語也沒有行動，心裡想什麼？想向佛問！心中有疑就要問，這個問沒發自語言，心動叫動念，叫心念請法。大衆心念請法的大致有三十七問，他們這一生念，佛就知道了，答覆他的心念請法，佛也不是用語言答覆的，而是面門放光。光所現的諸相，那就把他們所要問的問題都答覆了。

在〈如來現相品〉，如來放了兩次光，一次是從牙齒放光，放光的涵義是召集大家聚會，相信佛的境界。「面門齒光」是召眾來集，「眉間毫光」是示法，佛現在所要說的法是什麼？信佛的境界，佛的境界就是佛所修行的因果，所修行的這些法門。又者來集的這些菩薩，他們從毛孔放光，菩薩的毛孔放光、佛示法的放光和請法的放光，都是通的。又者召集所有參加華嚴海會的大眾，認識佛的境界相，佛的境界是什麼境界相？菩薩的境界是什麼境界相？

普賢菩薩的相跟常隨眾的相，他方世界菩薩來的相，各有各的境界相，不但表佛的現相也表菩薩的現相；表法集眾的時候，佛都是放光的。在經文當中，佛十度放光，《地藏經》是三度放光；面門的光、牙齒的光，這是召集大眾的，用光代表語言。我們有時候跟誰不用說話，點個頭或者拿手比劃一下子，就是示意的意思。眉間放光是果，依果顯因，因能成果依果顯因，眉間放光。足心輪、足下輪中放光，讓眾生因這個光而生起信，成就十信。從足指放光，那是使初發信的菩薩、十信的菩薩入道，真正進入菩提道，成就十住位。

夜摩天宮從足的腳背放光，成就十行法門。兜率天宮從膝蓋上放光，給在會大眾說十迴向法門。他化天宮的眉間毫相光，那些菩薩由佛的光而開悟修道，成就十地，光就顯示著佛是從十信、十住、十行、十迴向到十地，這樣來成就的。

〈如來出現品〉，從眉間放光、入文殊頂，佛的光進入文殊菩薩頂，從口中放光，從佛的口入到普賢菩薩的口，佛令文殊、普賢互相的問答，問答表示什麼？從始至終，文殊菩薩就從十信開始，到最後普賢菩薩入法界，這叫終。問答當中就出現始終因果、修行的道理次第。在〈入法界品〉，佛又放眉間光，這叫普照三世法界門，總共有十種放光，前面說十種放光是指佛在華嚴會上十種放光。

〈隨好光明功德品〉，常放光明，這個光是常放的；隨著一切衆生的根普照，普照就是普攝，應以小乘法得度的，佛就給你示現小乘法，中乘得度的就示現中乘法，大乘得度的就示現大乘法，隨著衆生根基，這叫「隨好光明功德」，常放光明。這個光就是攝受一切衆生，又叫依根攝化光，依著衆生的根攝化。以下講五位，資糧位、加行位、通達位、修習位到究竟位，我們在這裡先不講。

先解釋〈如來現相品〉的「來意」，那些菩薩在默念的時候問了三十七個問號，佛在放光集衆的時候就答覆他們所問的三十七個問題，這一品的「來意」就是因爲這個來的。在經文的長行裡，從〈如來現相品〉到〈普賢三昧品〉、〈世界成就品〉、〈華藏世界品〉、〈毗盧遮那品〉，這五品是答覆那些菩薩的心念請法，他們問了三十七個問題，佛就舉佛修成就的果德，果必具因，在因中怎麼修行的，勸問的菩薩們要如是的修。

〈如來現相品〉跟〈普賢三昧品〉，三昧就是正定，〈如來現相品〉叫遠方便，從凡夫一發心，佛就以方便力攝受，方便的就是遠，〈普賢三昧品〉就是近，叫近方便，這一品大致有這麼一個涵義。

〈如來現相品〉請法的時候，這個時候不是哪個人請的，而是所有的法會大衆同作如是念，佛就放光召集有緣者，有緣才能入，無緣入不了。那麼佛放光的感召，召集有緣，有緣就是大衆到齊聚，佛就放光，放光是瑞相，表示說法；同時，在說法當中，稱揚佛的果德，最後解佛的果德是無窮無盡的。

大家學華嚴的時候要特別有耐心，現在我們是略說。〈如來現相品〉如果開擴地說，按杜順和尚所著的華嚴三觀，按十玄門再加上十無盡藏，解釋起來相當的多。「如來現相」可能在這品裡頭，就講講華嚴整部的全經大意，光講〈如來現相品〉，內容就非常的多。

我們這是略講的，簡略的說一說，以後的品、地都是從「如來現相」之後開始的。「如來現相」這一品的解釋非常多，各個大德們所詮釋的不同。你有你的見解說，我有我的慧力說，各個說法不同；因此，你必須耐心地聽，所有聽的言詞義理同歸於「如來現相」，只講四個字「如來現相」。

爲什麼「現相」？「現相」的宗旨是什麼？趣向是什麼？這個我們說過了。解釋海會同請，怎麼請的？他沒有說，我們不知道；他的心念佛知道，他沒有說，佛就知道了，讓佛答覆；佛也沒有說，就放光了。這是祖師根據經意作如是的解釋，等到說〈如來現相品〉長行，使我們能進入。

前面這些方便，在初學的時候，有這種感覺，說個方便讓我們進入，反而使我們更進入不了。前面的方便解說，聽來很複雜，祖師認為這是方便善巧，引你進入；可是對我們初學者，大家可以聽一聽是不是很複雜。

海會同請的請，又分五門，哪五門？「問之有無」，「所問法異」，所問的法同還是異。「能問人別」，能問的人不同，能問的人別；「儀式不同」，問的儀式不同；「疑之權實」，有問必有懷疑，他的疑是什麼？依佛的權巧方便嗎？還是依佛的實際理地的法性？這有五個小科目，要把這五個小科目一個一個的詮釋。

問的當中就是有和無，有無當中。《華嚴經》是九會，前二會跟後二會，九會當中去了四個會，前二會、後二會有向佛請問，中間五會沒有問。那麼說第一個初會，果必有因。標這個果怎麼起的因，就是疑問。

在第二會，因怎麼能證得這個果，因如何契果？第一問說，怎麼起的果徹因源？第二個問就是「尋因至果」，就是因該果海。因，有時進、有時退，有時升有時降。

以下的六會答這個問題，果上是沒差別，因是有差別。第七會答覆這些問號。在諸會裡頭，或者更有問的，那是那個會問各別的道理，不是通的；有的就把從前的再說一遍。

第八會的時候，「因果純熟」，修行沒有障礙了，因為修行的時候沒有障礙了，從信、住、行、向、地、等，六位頓成。拿善財童子來說，從十信到十住，完了十行、十迴向、十地、等、妙，把妙覺取消了，前面加個信，這是六位頓成。菩薩在修行過程當中，他有六個階段，這就叫六位頓成。

在第九會，叫稱性的因果，入法界。那裡頭各別的有問，爲什麼？俱入法界無差別，每一處都有三百一十句的問號，每個各具足四十問。第八會二百問，第九會三十問。問的問題就很多了，必須深入的大菩薩境界才能作答。這是問同的，還有問異的。兩會間，果是說的很廣，佛成就的依正二報，廣說，篇幅很多，因很略，只是成就個信。

第八會，「因廣果略」，前頭是「果廣因略」，第八會是「因廣果略」。爲什麼？爲成你的行。第九會跟初會相同，因爲舉佛果之因，這個因是果的因，唯證方知，顯示證得了才能知道，但所問的人都不同。每一會都有一個問號，所問的人都不同。

還有「請法儀式」，大家看每部經的請法儀式都不同。請法儀式是什麼樣的儀式？有兩種。一種通過語言向佛表達，請法。約言念、約心念，一者言，二者念。答？有時用語言答，言答；有時佛就示相答，沒有說話，或者放光，或者表示。

〈如來現相品〉，在長行的時候，是念請的，念請就是那些菩薩誰也沒說，就是心念。法主就用光示現，供養的時候用言語請。這是現相的表現，表現什麼？表示教。佛就是教授我們的教，教導的意思。佛，有時用三昧答，有時示相放光答，答法不同。

在第二會當中，佛是示相答，菩薩是言說答。佛的心是自在的，不必用語言，表佛的心力、佛的法力特別殊勝，現個相就把問題解決了，這是現相答。中間的三四五六七會沒有請。到第八會是言請，佛用語言請，他用言請言答。答者不是佛，是菩薩。第八會多數菩薩形容著，像普慧菩薩問普賢菩薩，用語言問了二百個問題，答他兩千個問題，就是這樣的意思，言請言答。

第九會，還是用念請示，念請言答，這顯示什麼？以心傳心。唯證得了才能相應。離開言說，沒有語言也沒有文字。

以下總結九會。第一會是言請言答，第二會是言請示相答，第三會是念請言答，第四會是念請示相答，第五會是言請，言及示相答，也示現也用語言，第八會言念請，心裡做如是觀想的請，言語也要請，就是示相答，光示他相好，示相表法和。第九會，言念請，言說示相答。以下是個例子，所有答覆也好，問也好，這個涵義是從第一品，乃至九個會全部《華嚴經》問答的方式，只是說這麼一個。

爲什麼要問？有疑不決，有疑心裡不明了，那就問了。或者有疑權的，依著佛說法的方便善巧，那有疑實的。請問的語言是「云何」，這就是疑。須菩提請示佛，這個心住不住？云何應住？怎麼樣住？云何降伏其心？住就是實，降伏就是權，這得加方便善巧。諸王菩薩，有些菩薩加個「王」字，表示自在，王者自在義，像我們有時候稱「地藏王菩薩」，「地藏王菩薩」在《地藏經》沒有，《占察善惡業報經》也沒有，也沒加個「王」字的，《大乘大集地藏十輪經》都是稱地藏菩薩的；「地藏王菩薩」出自《大乘本生心地觀經》。我們有時稱「普賢菩薩」，有時稱「普賢王菩薩」，這個「王」是指諸王菩薩。這是一種。

還有示現天王、鬼王、無量無窮盡的王，那些王都是菩薩，都是大菩薩。他們已經圓頓位滿了，還有什麼疑惑？他沒有疑，為什麼還問？度衆生的懷疑。衆生都希望成佛，但是有疑就說是，衆生跟佛、因和果，好像隔離的相當遠，很懸遠了。佛所說的法，利益衆生，有權有實。

佛說《法華經》的時候，「唯此一事實，餘二則非眞」，這個法是究竟的，是實在的，其餘都不是眞實的，不是眞實的那個就叫權，眞實的就叫實，眞實的就叫實。凡是指心說的，一切法皆歸於心，會歸於心地，這都叫實。

開始講經的時候就跟大家說，要相信自己是佛的，這叫實。那麼相信自己是佛，我怎麼成到佛再回到原來的，那些方法叫權，權巧方便。權也好、實也好，都是法界的義，萬法無不從此法界生，一切法無不從此法界流，出生是由法界出生的，還歸是還歸此法界，他們對這個還是有懷疑。例如說我們都是毗盧遮那佛，懷疑不懷疑？眞正信入了，就是信入了，佛叫我們信，我們不敢說不信，心裡頭還是有懷疑。用自己現實生活當中的境界，怎麼能跟毗盧遮那比，連個阿羅漢，我們也不能比，他們有六種神通，十八變，我們沒有，因此會產生問號。

◎釋文

◎衆海同請

以下開始講經文。

爾時諸菩薩。及一切世間主。作是思惟。

《華嚴經》的聽衆都是用海來表示，衆海表無邊無際。所有來參加法會的衆海，無論哪一類都希望成佛，都希望達到佛地境界，證得佛的依正二報，都想利益衆生。

他們的願望、希望是相同的。一個是要度衆生，一個是要成佛，有所不同嗎？這個希望，屬於緣起法門。說一切世間主，都作是思惟，所以說同念，所念的相同。這是說他們有四十句，說他們的所求、所行、所知。

爲什麼要懷疑？因爲先舉佛果，他們先問的是果，對果言因，言因就是所做的，言因不是他們的因，問的人的因，佛怎麼證得這個果，對果言因是問佛怎麼成佛的，說他因地是怎麼修行的。問號很多，云何是佛地、云何是佛力等等，一個一個的這樣問，這是心念，但是沒有發言。

云何是諸佛地。云何是諸佛境界。云何是諸佛加持。

「諸佛地」，這個智德，按位次來說是出佛的本體，云何是佛的智、佛的地。後面還要說佛的斷德，怎麼樣斷煩惱的？斷煩惱才能達到佛地，沒有斷煩惱怎麼能達到佛地？這個問題要是廣說，所有佛說的法都是解釋這個問題。若不廣說，就大略說一說，這叫略說。略說就是舉例來說，在這裡，清涼國師舉《大乘同性經》說，「然體不出五」，這個體不出於五種，有的說七種，三身四智。清淨法界，這是依報。「及與四智」，四智下面就一個一個智的解釋。什麼叫大圓鏡智？什麼叫平等性智？什麼叫妙觀察智？什麼叫成所作智？有時說三身四智，三身是法報化，四智就是這四智。以五法說大覺性，五法就是以清淨法界法及四智來說明佛的大覺性。他舉又另一部經，叫《佛地經》，說的是眞理妙智，以這兩種無所不攝，兩種又是一，智與眞理，融而無二，無二就是一，這就是諸佛地。

前面講云何是諸佛地？這是個問號，什麼是諸佛地？他說清淨法界跟四智，這五法成就了大覺性。那麼眞理的妙智融爲一體，這就是佛地。

佛地有什麼功能？佛是覺，地是形容詞。因爲大地能生能住，一切都住在大地上，大地能生一切，有生成住持的功能，所以叫地。能生一切萬物就是萬德，能成熟自己和他人，成熟自他。能夠總持、任持萬德，總一切法，持無量義，任持自性就是萬德。果德依之而住就叫地，十地是因，佛地是果，這就是總說。

佛地，就是講佛的境界。佛果在彌勒菩薩和無著菩薩的論著當中，以斷果和智果，斷一切的煩惱無明，成長一切的智慧。

我們剛才講清淨法界，清淨法界屬於斷果，斷一切了，煩惱無明清淨了，這稱爲斷德。在佛地上無修無證，沒有求也沒有得，無求無得，這就是清淨。清淨法界在《華嚴經》講就是一眞法界，一眞法界就是眞如的異名。清淨法界是指究竟果德說的，現在這個地方就標著佛地，佛地就是什麼？清淨法界，到了經文裡頭就以十種空解釋清淨法界。

十種空的涵義很長，《般若經》講二十空，《華嚴經》講十空，但都不是虛空的空。我們這法堂中間是空的，因爲是空的，才能進來這麼多人住，若是不空，我們就進不來了，但此處所說的不是這個空，將來到後文專講這個空的。

講完空，就講清淨法界，就是這十種異名，用十種虛空來譬喻使你抉擇。若廣釋，就解釋智果，智果就分四種，第一個是大圓鏡智，這是依著法相宗來說的。相不離性，稱性而起的，大圓鏡智是八識，八識轉成的，把他轉所依所成就，成就大圓鏡智。他能任持佛地的一切功德，窮未來際沒有盡的，沒有盡的時間，大圓鏡智。用十面圓鏡顯示大圓鏡智，這是譬喻，過去祖師常用鏡子來顯這個智慧的。

第二個是平等性智，這是由第七識轉所成就的，常隨於大慈大悲相應。無住涅槃，就依這個智而建立的，依著平等性智而建立的。這個是指著實報說的，實報的受用身土。都由這個平等性智所顯示，若通過修行十地圓滿，成就十相應，才證得平等性智。

第三個是妙觀察智，此第六意識轉依所成的。能任持一切陀羅門三摩地，在大衆會中說法斷疑。舉這十種來辨明它的相貌，什麼叫妙觀察智？用十種來辨別，妙觀察智。它是由第六意識轉成的，我們現在所用的都是這個妄想，我們所說的妄想是妙觀察智的反面。妄想斷盡了，第六識轉爲妙觀察。說法斷疑，都用這個智來發揮。

第四個是成所作智。由眼耳鼻舌身這五識轉變而成的，能在一切的法界內隨化示現，佛所變化一切事，利益衆生、利樂一切有情，所有一切隨緣做的事，都依這個智的用，這個智產生的業用，成立如來化身而成就的。

這個地方只是解釋佛地，從十信到十住、十迴向，大多數講這個問題。第一個是問，沒有說話的菩薩問「云何是佛地」，第二個心念問「云何是諸佛境界」。這只是說佛地，沒說佛地裡頭含藏著有什麼境界相、有什麼德、有什麼行。言境界者，就是他大悲大智所蘊藏的、所實行的分齊，這是沒有分齊的，廣而無量。用十種來形容著佛境界，前面解釋是佛地，現在是佛境界。〈如來出現品〉全品就說這些問題，〈菩薩問明品〉、〈佛不思議法品〉專門解釋云何是佛的境界？云何是諸佛的加持？每句都是問號，云何是佛地？云何是佛的境界？佛加持者是佛力加持，我們不是經常的求加持嗎？那就解釋什麼是加持？當我們有煩惱了，有災禍了，求佛的加持，用佛的殊勝力消除所遭遇的痛苦、所遇的厄難。沒有智慧，學法學不進去，修道修不成！持戒持不到，盡是犯，那就求求佛的加持。佛加持，佛有殊勝不可思議的力量，能任持你。這是形容他的作用，非常之廣，廣而無量。

我們把佛的這種廣而無量，做十種解釋。到〈離世間品〉就講這個問題，有十種佛所攝持。《華嚴經》都講十，以十種佛來攝持。什麼叫十種佛？我們經常說「佛陀耶」，翻華言是「覺」。覺有三種，「自覺」，自己成就了，「覺他」，讓他讓一切衆生都覺悟，「覺行圓滿」，自覺成就了，覺他就是度衆生。自覺覺他都圓滿了，都成就了，這就是佛。

這是佛，用十種解釋。

第一「正覺佛」。成正覺的佛，在印度伽耶菩提樹下降伏衆魔，成了道業，朗然大悟，證得了無上的果位，這叫成等正覺的正覺佛。正覺佛就是「菩提」，華言「道」。佛在菩提樹下成道了，菩提樹就是道。成道的菩提，依止樹下成道因此而得名，菩提道。這是正覺佛。

第二「願佛」（發願的願）。佛從兜率陀天下生人間，說法度衆生還他過去的宿願，他過去在宿因的時候就發了這個願，要度衆生。成了佛要去度衆生，這個佛就是願佛。

第三「業報佛」。我們經常講業報，業報有善有惡。佛修萬行清淨的因，萬行因，感相好莊嚴的果報，因必結果，這就叫業報佛，也就是功德相。

第四「住持佛」。佛的眞身及他的舍利住持世間，永久不壞，這叫住持佛，梵語「舍利」，中國翻爲「骨身」，或叫「骨灰」。

住持佛，現在在我們國土裡頭，阿育王寺，那是佛舍利，佛身，那叫住持佛。北京靈光寺佛牙塔，陝西的法門寺佛指舍利，這都是住持佛。他是永久不壞，都是他的骨身。佛入滅之後，火化了之後，他的身分，一一身分就是佛的全體。

我們很多人說沒有見過佛，如果朝過阿育王寺，你也見佛了，只是所見的不同，隨你業報的大小。到北京佛牙塔朝朝，到法門寺看看佛指舍利，這都叫佛的色身。住持佛，能住持佛。我們過去沒有這個信仰，你的心裡有個問號，你看那個舍利，不認爲那就是釋迦牟尼佛，在其他經論也這樣講。

佛的身是永遠不壞的。那就是他的化身，那就是釋迦牟尼佛的化身，如果能見到禮拜供養，以這個因緣使你一定能成佛。成就你本具的那個佛，也不是外頭來的，成就了也還是你本具的。

第五「涅槃佛」（按：或作「化佛」）。華語的「涅槃」叫「滅度」，還有佛的應身化身示現滅度了，這叫涅槃佛。有時候我們認爲涅槃是什麼滅了？一切的大患，就是有身；大患者有身也，身滅了就叫滅度。度脫了、超脫了，大患永滅，說超度三界了，離開這個肉身之外，這個肉身火化的時候，他現無邊的身雲，無邊的身像雲那麼多，在這個世界度眾生。

要眞正的相信，不止《華嚴經》這樣說，佛也跟地藏菩薩說，「我並不是光以佛身來度眾生」，而是以一切身雲度眾生，形現有情也形現無情。或者現樹木，或者現山石，都可以現，只要能夠度眾生的，佛就示現，這叫涅槃身。

第六「法界佛」。從證得一眞法界的無漏本體之後，有大智慧放大光明，徧照一切，這就叫法界佛。他的惑業淨盡了，再不淪落三界受生死。徧於法界處，一切處無不是佛。有緣即現，無緣則隱，隱就是隱沒，那就是看你的緣法，看你有緣沒緣。

第七「心佛」。心佛是說佛心體離念，我們講離念眞如，如果你契了眞如，離念眞如了，跟心佛相通了，心佛離念，神通無礙了，心徹就靈通。他本來的眞覺是寂然的，這叫心佛。這個心不是我們心臟的那個心。心，你看《金剛經》就說了，過去心不可得、現在心不可得、未來心不可得。三心了不可得，這叫心佛。

第八「三昧佛」。梵語「三昧」，華言「正定」，我們持很多陀羅尼，陀羅尼就是咒。三昧，念到殊勝的時候，心跟咒合了，那就入三昧。如來常在大定中，說佛常時在定中，就是我們剛才講如來那個如如不動，能了知一切、智照普遍，這叫三昧佛。

第九「本性佛」（按：或作「性佛」）。佛具足有大智慧，永遠照了自性，照了自性，本來就是佛，而且是具足無量的恆河沙性功德。這個佛，我們都具足，這個叫本性佛。

第十「隨樂佛」（按：或作「如意佛」）。樂是希求那個樂，隨眾生的希求，樂是求得的時候。說佛隨眾生機，樂見佛的，見佛欣樂，達到頂點了，心跟佛合一，佛就現了。如意速疾，非常的快、非常的如意，就給你現身說法，修行的事業能夠成就，這就叫隨願佛。

這十種佛，以下又用三類來解釋，「一如加持化身及舍利等，二如加者域入火不燒等，三如加非情作佛事等」。「如加持化身」，一切舍利佛的骨灰所遺留下來的，這個化現的身就多了，化現很多，隨所要見的，對舍利，佛牙也好、佛指也好、佛舍利也好，一心供養，我做一次供養，千次生天，一千翻生天。全身舍利在《法華經》上說的是多寶如來，全身舍利沒有化，那叫如來的力持身。力持身就是如來的神力，任持全身，不管全身也好，碎身也好，乃至一部分一個舍利也好，永久不壞，給衆生作福田。

衆生不是想求福嗎？供供舍利。這都是約衆生心說的，跟你的心力、願力結合起來說佛的力持身，以佛的神力加持。我們這個佛像算不算？看你的感如何了。人家拜佛，拜的從佛像掉下舍利，有的念經念的從經裡頭掉下舍利來。佛的佛身，無處不徧，要這樣來理解，就看你的感應力如何，還得建立一個信心。

「二如加耆域入火不燒等」，這裡有個故事，「譬如醫王留身喻」。醫王在閻浮提中所有的藥，他都能知曉，什麼藥治什麼病。醫王又以他過去的善根與咒力，你念大悲咒，念《心經》最後的那個咒，是大明咒，是無上咒，那叫大明咒力，你念「揭諦揭諦。波羅揭諦。波羅僧揭諦。菩提娑婆訶。」這也是大明咒。這是一個佛的善巧方便，衆生見了，不論你得什麼病都會好的。這位大醫王知道他要命終了，就作如是想，自己命終之後，那衆生的病沒人能像自己這樣給他們治的好了，我應當現個善巧方便。他就用很多的藥，把全身都塗遍，再假念這個咒力的加持，令他死後了，身不分散，不萎縮也不枯乾，跟他在世的時候一樣的。聞言視聽，你說話跟他求，他能聽得到，他發的願跟他在生的給人看病是一樣的。

佛應正等覺，無上醫王亦復如是。無量百千億那由他劫修行的時間，佛的藥可不是世間的草藥，而是法藥，現在我們所讀的經、《大藏經》所說的，都是藥方子，你照那個藥方子就把藥吃下去，貪瞋癡病漸漸就好了，業障就漸漸消失了，拿這個方法告訴你，修一切善巧方便，懺悔、持戒、讀誦大乘，這都是善巧方便。

用那個咒力，特別是《心經》的咒，那是大明咒、大神咒，最後送你到彼岸，滿足一切眾生的願力，一切煩惱障礙給你消失，可以住壽無量劫，住壽無量劫。

「身心清淨」，清淨就是形容沒有煩惱。一切的佛事，講通俗一點就是一切的覺悟事，凡是明白的方法、一切覺悟的事情都能去做。那你的身心就清淨了，依著佛的方法去思慮，這個思慮就是定，你能得到三昧。作一切佛事從來不懈怠，未嘗休息，令一切眾生見者煩惱病除，都得清淨。

佛在經裡常用醫生來譬喻，佛是大醫王，佛治的病是什麼？是我們煩惱病，專門治思想病。身受心的支配，但是我們飲食不調也會生病。冷暖氣候，現在二三十度，突然一陰天，一下雨，又降下十幾度，你也不加衣服，感冒了，什麼舊病都發作了。感冒的病別把它看輕了，特別是老年人，一感冒就把別的病引起來，那跟死亡接近了！要有好醫生。我們這個醫生雖然不在了，感應不到了，但是醫生的方法還在，佛所說的一切法叫法藥，照著法去做，那個法本身就是藥。你肯服肯吃，一切病難都消除。

前面講的是諸佛的加持。我們經常求諸佛的加持，講佛的神力當中，講佛果的當中，這是一種不思議的情景，舉個故事講佛的加持力。

佛弟子當中有一個叫耆婆，他證得阿羅漢果，他出家之前是很高明的醫生，他的醫術，凡是你在沒死之前，凡是有病苦，他都跟你治療，有起死回生之術。耆婆是佛弟子當中的一個大弟子，也是證得阿羅漢果的，沒出家前，他的醫術很高明。

「耆婆」譯成華言，涵義非常多，「能活、同活、更活、壽命」，含的很多意義，就不翻了，就叫他的原名，佛的好多弟子都用原名。

耆婆有一個因緣，佛讓他到地獄看過提婆達多，問提婆達多地獄的苦，提婆達多跟他說勝過三禪天，這一個入火不苦，入地獄也不見得是苦，那要看誰入，還得看是不是佛加持。這個是舉佛的加持力，拿這個故事來證明。

「三如加非情作佛事等」，說佛的神通，或者廣說，或者是狹義說，都屬於神境通，說佛的境界；加持的境界是神力，這是佛的神力加持力。

他心通，佛能知道九界衆生現在想念什麼？想做什麼？九界衆生就多了，特別是鬼道、畜生道，他們想什麼，佛全都知道，這叫他心通。

宿命通，宿命通就是知道自己過去無量劫，一生兩生三生乃至百千萬生，無量衆生，知道過去所做的事，自己所做的事就是宿命。

還有如意通，身如意，心裡一作意，身體就飛行了，只是作意。這個可以廣一點解釋。現在我們生極樂世界，極樂世界的衆生，一天早晨，要吃飯還沒吃飯之前，到十方佛的國土去供養諸佛，供佛回來，再回到極樂世界吃早飯。怎麼去的？而且時間非常短促，能供養那麼多的佛國土，那叫身如意。心裡想怎麼，身體就能做得到，但是我們現在做不到。我們想到太原，一作意，飛太原去了，再一作意到紐約，世界任何處所，在一作意之間。這叫身如意通，一切無阻無礙。所以大世界化小世界，小世界能化成大世界，這叫身如意通。

最後叫漏盡通，漏盡是指佛說的，佛說是無明斷盡了，分段生死苦，變異生死苦，二死永亡，兩種生死苦都沒有了，阿羅漢不行。阿羅漢有變異生死，分段生死他斷了；只有佛才究竟，五漏境界，五住煩惱地，佛全斷盡了的，所以就叫漏盡，這是佛所有的神力、加持力。

云何是諸佛所行。

「所行」就是做，諸佛都做什麼？或者下文〈佛不思議法品〉所說的，如來出現了之後要做這麼多的佛事，所作的佛事就是《華嚴經》，一直把八十卷說完，都是佛的所行、佛的所作。在〈佛不思議法品〉說諸佛世尊，度化眾生的時候有十種不失時，十種不失時就是，你有感的時候，佛一定到。我們現在有感，有求就是感，但是還沒通，感的力量不夠。像我們修水管，那管子不通，不通就有障礙，有障礙管子就不通，所行不通。打通了，你做通了，那感就應了，通了無障礙了。

無礙的行這個行就是如來所作的，大致分十種所作的，佛自己以智慧來造緣。眾生跟佛無緣，佛就造緣來接引你，來跟你結緣。我們師父們則是跟他結個緣，或者是他供養師父一點東西，或者師父跟他加持加持念佛迴向，這叫緣。

攝生必須得有緣，緣必須得智慧才能照，無思不能成事，沒有思惟、沒有智慧什麼事情也做不到，有思惟了有智慧了，還得假方便善巧。你的業障很重，我說你磕個頭拜個懺，念多少部經，這都是方便善巧。方便善巧是什麼？把你的業障消失了，這都是佛的所作，就是「佛所行」。佛做這件事很究竟，諸佛所行究竟了，不究竟成不了佛，做到究竟了才能成佛。

佛有十種化眾生不失時，第一，「一切諸佛成等正覺化不失時」。時間是非常重要的，那是在一時之間，感應那一時之間，或是一剎那之間。我們的心出纏、沒有煩惱纏縛的時候，也就是一念間。誦經拜佛，往往會有那麼一念間相應，可惜太短了，我們沒能掌握住，這叫一念相應。

在一念相應的時候，佛就知道了，絕不失掉，所以叫如來出現世間，這一品，如來出現世間，如來成就佛道已，他是隨眾生的感而去應現，成熟他的因。這所起的化導，成等正覺後化不失時，成佛了之後化度眾生，因緣絕不失掉的，這是「成等正覺化不失時」。

第二，「成熟有緣化不失時」。對有緣的，剛才我們談到，說善根成熟了，佛就加持趕緊讓他解脫，成熟有緣化不失時。

第三，「授菩提記化不失時」。如來知道菩薩久修梵行，知道他要成就了，就給他授菩提記。授什麼記？一定能成佛，授的成佛記，「菩提」在《華嚴經》翻成「道」，菩提就是道，以菩提心，行菩提道，證菩提果。

第四，「隨眾生心示現神力化不失時」。如來隨一切眾生所應該得到的，應當加持的，應當示現絕不失時。或者錯前，或者落後，都叫失時。

第五，「隨眾生解示現佛身化不失時」。如來隨順眾生所依，而示現相好之身，示現普通的，有時候示現三十二相的，示現八十種好的，這種化現也不失時，示現佛身化不失時。示現佛身神力化不失時，示現佛身舍利化不失時，示現相好身，有時候不是，而是示現佛的舍利。

像這次香港請佛指舍利，從法門寺護送到香港，這裡頭含著佛的神力，在《華嚴經》說，這是化不失時，佛的舍利化不失時。如果沒有到過阿育王寺看過佛舍利的，沒得到過舍利的化度，如來修的是無執著行，佛的慈悲喜捨心，隨順到時節因緣，化度一切眾生。但是在中間沒有一個能化的想法，也沒有一個所化的相，這是第六，「住於大捨化不失時」。

第七，「入諸聚落化不失時」。佛入聚落，如來以大悲心，隨順時節的因緣，攝化一切眾生，到城邑、到哪個村落、到哪個地方，都是做饒益眾生的事。

佛的乞食說法都不失時，就是不錯過時節因緣。舉例說，現在大家共同學習《華嚴經》，有的聽過三兩座的，有的聽過十幾座的，也有想來聽來不到的，他想聽完了再走，汽車不等他，他就不聽了，不聽就走了。

這好像是無所謂的樣子，這都是有緣沒緣。佛的化是不失時，而衆生的感是失時的。感跟化兩個不能合一、不能統一，這個雖然是個小事，但是有種善因跟沒種善因，那到果上去區別就大了。因上不見得，不見得是不知道。你想多聽一小時，緣不成熟，聽不到的。第八，「攝諸淨信化不失時」；第九，「調惡衆生化不失時」；第十，「現不思議諸佛神通化不失時」。這是十種化不失時。在諸佛上講，這叫化不失時的涵義。

云何是諸佛力。

「佛力」就是大自在力，大自在的神力。廣說無量，略說有十種。這十種就是我們常念的「處非處智力」等，在〈佛不思議法品〉會詳細講。

云何是諸佛無所畏。

十四種無畏，我們平常這樣念，什麼是諸佛的無畏？畏是畏懼、恐怖，諸佛無所畏懼。這個在〈離世間品〉，說十種無畏，或者說四種無畏，叫四無畏。二乘人有四無畏，佛力有破魔的功德、降伏外道的功德，有十力無畏，二乘人不共的。

《華嚴經》所講的是明大智的功德，所以稱十種無畏。

這是到回向位，法界無量回向，菩薩都具足十種無畏，相似於佛的十種無畏。

第一種是「聞持無畏」。菩薩聞持一切最疑難的法，都能解答，斷其疑惑，無有畏懼之相。畏懼之相就是說，這個我聽不懂，語言不懂，義理不懂，文字不懂，沒有這種現相。

第二種是「辯才無畏」。菩薩得如來灌頂的無礙辯才，答辯一切問難的時候，沒有疑惑。經上說隨機應變，隨人家所問，就給他解答了，這叫無畏。

第三種是「二空無畏」。二空是達到二空之理，離開一切邪見，就是人我空、法我空，二空。心如虛空，心如虛空就更無所畏懼了。

第四種是「威儀無缺無畏」。我們經常說三千威儀八萬細行，威儀上無缺，不會擔心威儀不端正。這無畏，由佛之所護故。成如來之威儀而不轉易，於大眾說微妙法而無所畏。

第五種是「三業無過無畏」。身口意三業，永清淨故，再沒有過失。

第六種是「外護無畏」。常爲八部諸天鬼神所衛護，於眾魔障礙無所畏懼。

第七種是「正念無畏」。離了無明愚癡，常住正念，受持正法，永不忘失，永遠無畏。

第八種是「方便無畏」。依著慈悲而住，示現生死、不住生死，在生死當中無少許貪著，求禪定解脫，諸般若、諸三昧，總持一切辯才，不廢菩薩的道法，這叫方便無畏。

第九種是「一切智無畏」。菩薩住在一切智，有時候菩薩示現跟二乘的威儀一樣，有時候不示現，但是不墮二乘，示現同二乘而不墮於二乘，這個菩薩不擔心的，無所畏懼。

第十種是「具行無畏」。應度眾生，善現如來的境界。但是菩薩一切願行不退，這是十無畏。

現在四無畏當中，諸佛菩薩說法的時候，具有四種無畏的心，勇猛安穩。佛是四無畏、十八不共法，兩個合成一個的。諸法現正等覺無畏，作一切智的無所畏，正等覺無所畏，正見無所畏懼，具無所怖畏之自性，一切漏盡智無畏，漏永盡無畏。什麼叫漏盡無畏？斷盡一切煩惱，而無所畏難的畏懼。障法不虛決定授記無畏，說障法無畏。我們要說是障法，說二障，說煩惱障，煩惱障無窮無盡的，一天生的無盡煩惱，在說的時候、做的時候，無所畏懼。顯示的時候，修行的時候，對一切障礙的，不利於修行、不利於菩提道的，無所畏懼，任何非處非難都無所畏懼。

第四種證一切具足道能稱法性，這是無畏的。說出道無畏，說出世法、三要道，發菩提心，這樣的無畏。說盡苦道無所畏，說苦道無畏，宣說出離道而無所畏懼。十種無畏就是佛的十力，有力量降伏一切煩惱，有力量除斷無明，這就是諸佛力；諸佛有這個力量，力是降伏畏懼的意思。

云何是諸佛三昧。

現在只是標名，簡單的解釋，下面會一品一品的說，到經文「如來出現」，就是佛要出現說這些法。

云何是諸佛的三昧？佛的三昧，「三昧」翻「正定」，翻譯的名詞很多，也有的翻「等持」，等一切法，持無量義，這是佛的果德。數字？無數字的數字，我們盡拿微塵來作數字，或者把一世界抹成微塵，把三千大千世界抹為微塵，把十方的法界抹成微塵，這有十種不思議。

一切諸佛恆住正定，一念中徧一切處，普為眾生廣說妙法。佛還在定中，這叫恆住正定。一念中是他的用，從定所起的智慧，智慧所到一切處，利益眾生。一切眾生恆住正定，徧住一切處，普為眾生說無我際，諸法無我。廣說妙法當中也含著了，這十種都是在定中說的。

我們看釋迦牟尼佛，這裡講的是毗盧遮那，毗盧遮那佛他在定中示現的釋迦牟尼佛，釋迦牟尼佛說的法也在定中，跟法身是一體的，一切都在定中，說無我際、廣說妙法，都在定中。

「說」跟「演」都是一念。我們現在對於這個一念，可能還體會不到。一念之中，時間非常的短，我們自己回憶一下，就這一念，一思惟就辦了很多很多的事情。一念，也許這一念中化成了一百歲一千歲一萬歲，乃至十萬歲、無量數歲，完了回來還是一念。一念經過剎塵劫，剎塵劫還是一念。

這個意義得多修觀想，因為這是在定中修三昧，我們有時候在行的當中，一個是在定中，你思惟修行、靜坐的時候，你思想得入了，或者三個小時、兩個小時，等你恢復了，好像就是一念間。這個情況，每個人都有，用現在話說，就是高度集中了，把其他都忘了。

我們不是定，而是愛好。我曾經看到十幾歲的小孩，你讓他在這裡半個小時，坐不住。讓他看電視，或者讓他搞電腦，他坐三個小時，你說時間很久了，他說才剛剛坐下來，就是這種涵義。

譬如我們念經，一部《地藏經》一般需要一個小時，讀誦久的四十分鐘就可以了，乃至到三十五分鐘念一部《地藏經》。有時候念的時候，心情散亂，時間很長，好像念完了，很累。感你思想集中，什麼雜念沒有了，念一部《地藏經》，三十幾分鐘念完了，你一看，時間很短。面對你欲念所高興的事，不感覺時間長；面對你煩惱的事，不願意做，勉強你去做，你必須得去做，你感覺時間非常長。

我曾問過很多的道友，等到工作單位一放假，他就去旅遊，不感覺時間長了。

玩了好幾天，還沒有玩夠；要是一上班，他不高興了，再一遇煩惱的事，搞不通的事，感覺時間特別長。時無定體，時沒有一定的體性，都是依你心來建立的。這個時候一念，正定就是你的一念心。一切諸佛在正定中，一念間徧至一切處，給衆生廣說妙法。一切諸佛恆住正定，在一念中徧一切處，爲衆生說無我際法。一切諸佛恆住正定，在一念中徧一切處，普入三世。過去、現在、未來，就在一念中。

那是智慧，定能發慧，像窺基大師前生的這種定是不自由的，佛入這個正定，一念間，徧至塵剎，這是自主的。定即是慧，慧是了別的，像窺基大師的前生他不能了別，有時這些祖師大德，他知道因緣，非去做不可，爲什麼？還業。業來了躲是躲不脫的，所以你別造業，造了躲是躲不脫的，怎麼辦？把他還了，把他消失了，那就脫了。

一切諸佛住定中的時候，他都是在一念中到一切處，普入十方。我們認爲三昧定就是如來的如，但是我們不能來，如是如了，入了定了，他不能來。「來」是智慧，「來」是利益衆生事業，這個事業即是在定中，而且時間，你說無量劫也可以，時無定法的，就是一念間。所以一切處都可以去，就一念間。一念間至一切處，一切處所做一切事業，還是一念，不是很多。

說一切諸佛恆在正定，恆就是常的意思，不是這會兒定，那會兒又不定。我們怎麼樣？我們坐著安靜了，這叫靜坐，不是入定。一會兒你定了，但是不能種花，也不能打整清潔。在定中能種花，能打整清潔，那都是佛法，利益衆生的，信嗎？能做得到嗎？那也現身體在做，身體是假的，他在定中，那是化現的，不是眞實的。我們也如是，不止諸佛。我們現在所有造業，佛的功德智慧無量。我們也無量，我們的業障煩惱無量，隨時隨地煩惱，不曉得怎麼，心裡就是不高興，跟人一家說話，你的臉色就告訴人家，你的心裡很不平靜，很不高興，煩惱了。

如果每位道友，你的心靜下來看別人，看自己你看不到，看自己看你的心念，看你的起處，是煩惱種子？是智慧種子？煩惱種子所發生出來的全是煩惱，你心所學的佛法是智慧，但是這個顯現的時間少，因爲你學習的時間少。那個煩惱一動就來了，都是一念間，等你靜下來，這不是什麼神通，每個人都有，心光照了，智慧。好比我們這有五六百人，你看他、看他、看他，相貌不同，思想狀況不同，他這個時間在想什麼？你能知道，但是沒有佛那個神力。

你學佛學上十年，用佛所教授的來分析人，頂好是觀察動物。一隻老鼠一隻蟑螂牠往什麼地方爬？老鼠心裡想做什麼？我特愛看螞蟻打架，蹲到樹底下，這幫螞蟻跟那幫螞蟻，組織非常嚴密的，你仔細的觀察，越是越小的動物，鬥爭性很堅固，煩惱非常重。

例如我們在人間，男女感情好了，發願了，願變鴛鴦。鴛鴦壽命好短，牠是飛禽，飲食不固定，有什麼羡慕的？好多人想變鴛鴦。還有人想變老鼠，老鼠過街人人喊打，那也不一定。在西藏，老鼠是財神殿裡的財神，那裡的小老鼠都是白的。每一類動物，各個有不同的因緣，我們每一個人的因緣，佛全能了知，這是諸佛的神通。知道這個，就知道什麼是佛的神通，什麼是菩薩的大定。在定底下，就能產生神通，定能發慧，定所發的神通，神通就是什麼？就是定力。心定了所發出的智慧，一切諸佛在正定中，在一念間，隨眾生心種種信解。佛就給他現身口意，讓他解脫，一切諸佛在恆正定中，他一念間到一切處。

有些眾生想離欲，想證得一眞法界，佛就給他示現說法，讓他離欲眞際，離開一切貪欲、煩惱，證得眞實的法性。說一切諸佛住正定聚，在一念間，讓一切眾生，生起緣起性空，緣起自性。一切諸法緣起的，怎麼樣緣起的？從性空建立的，性空建立緣起，緣起還歸於性空。佛說的一切法、一部《華嚴經》，就是「緣起性空、性空緣起」，若能把這個明了了，全經的大意基本上領會了。領會是一回事，做起來又是一回事，乃至修證又是一回事，眞正斷了煩惱，證得菩提，也跟佛一樣。

佛在一念中能到一切處，能給他們說「緣起性空」，自性就是性空。佛在一念中能到一切處，給他示現無量無邊的世界。給他們說一切佛法，讓無量眾生得到解脫，究竟達到無上菩提。

若是開闊起來，三藏十二部，講一百年、講一萬年都講不完。若用一念攝受，就在一念間。我們說咒語，依西藏的教義，念咒是總持，咒包括無量的意思。大家都會背《心經》，「揭諦揭諦。波羅揭諦。波羅僧揭諦。菩提娑婆訶。」這四句話就是《心經》，再延伸就是六百卷的《大般若經》，再延伸就是佛所說的一切法，用這四句話就包括了。這是說的目的，裡頭含著手段，用這個手段達到目的。「揭諦揭諦」，就是佛所說的法都是手段，都是方法。達到什麼目的？「成佛！成佛！一切眾生都成佛。」正式的解釋是有這樣：「到彼岸！到彼岸！一切眾生都到彼岸。」怎麼到法？這裡包藏著佛所說的一切諸法，萬法。這就是方法，方法就是你的作用，說成手段也可以了。造業都是得有手段，造惡業？還是造善業？善業的根本，叫佛入了正定的時候，恆住正定，這一切手段都不要了。說正定一切放下了，說看破放下清淨自在。

要度眾生就在這一念中，清淨自在，一作意就是一念，能夠到十方法界一切眾生，十方法界就是指十類。我們說一眞法界，那是《華嚴經》所說的，跟《楞嚴經》所說的妙明眞心、《圓覺經》所說的圓覺，都是一樣的，只是名詞不同而已。

這就是諸佛的力量，下面要講諸佛的定，定能產生力量，這個力量是什麼？就是稱作神通。

云何是諸佛神通。

現在這個心沈靜下來，這一念的心就是神，神名天心，天心就是我們本具的自然的眞心。通是什麼？通是剛才講的大定時候產生智慧，就這一念，通名慧性，就是智慧的本體。從大定那個時候產生的智慧，智慧就是神通，神通就是業用。說一分一分的，我們不是講十地嗎？十地是一分一分的，各有各的十通。

云何是諸佛的神通？什麼是諸佛的神通？善知他心智明，叫他心智。能如實的了達一切衆生心念，三賢位的菩薩了達的不廣不徧，十地菩薩的一地一地的，到那究竟才能普遍了達一切衆生的心，知道你念什麼、想什麼。這叫醫生，看你是什麼病，給你下什麼藥讓你吃，病重，藥力還是不靈。衆生的業重，他根本不接觸佛的教導。佛能度一切，但是不能度無緣，他不接受你的度，你怎麼度？是這個涵義。

以下講神通，善知他心智明叫他心智，從第一個他心智，如實了達一切衆生心念，就如實了。無礙天眼智明，這說六根。天眼智，菩薩的智慧能夠普照，見一切衆生，爲什麼生了又死了，生此生彼，死此生彼。什麼地方受生？死到什麼地方？生死，生死輪轉都有善惡，一切衆生他所造的善生善處，造的惡墮惡處。爲什麼有這些差別？無礙的天眼智慧，有種種的衆生生此死彼、死彼生此，因爲他所造的惡業、所造的善業、所受的苦樂，都是由他的願力而至的。

惡願惡業使他墮落六道，六道當中，下三道最苦了，上三道，有苦有樂。深入過去際無礙的宿命智明，過去無量劫無量劫的，這叫宿命智明，知道過去做了什麼，多生多生做了什麼事。有時候我們做夢，夢會反應你多生的事，你醒了，完全不知道這個夢是怎麼回事，現在這個世界沒有。那是你多劫以前的，跟現在這世界對不上號，那是多生以前的。這種夢，佛弟子都可以做到。但是這個是做夢，眞的也如是，現在我們都在夢中。學佛法的人知道了，也有不知道的。在家人的有些人能知道，那就是有智慧的。

如是者，佛的他心智明能了達一切衆生的心念，理解力正確，在天眼看見無窮無盡的衆生的生此死彼，爲什麼他生到這個地方？他是不該死，他死到這裡了，但是有這個天眼的智慧、照見的智慧都知了。又能知道過去的無量劫，自己都做些什麼，這叫宿命智。又能知道未來的，未來際時間很長的，我又做些什麼？又生到什麼地方。

但是這些菩薩不同，他心、天眼、宿命，能夠知道未來際的一切事情，無量劫的事情他都能知道。深入未來際，過去現在未來的三世因果都能知道。清淨的天耳，耳根圓通，觀世音菩薩就證得耳根圓通，他能夠把三千大千世界所有一切事情，一聞到聲音就知道，所有一切都能知道，這六通是通的，前面是六通，後面加了四通，湊成十通，《華嚴經》都是十。

神力智，安住無爲的神力智明，菩薩他的無作，無作的力量產生的願力，有十二種神力。他能在十方世界，現在一切諸佛處所，讚歎供養問正法，成滿殊勝願，修無量行。分別一切言音智明，菩薩能了解無數的世界，無量的衆生，邊地，人煙走不到的地方，這是光說人，還有非人，還有畜生，還有龍，一切的音聲悉皆明了，清楚他說什麼，知道他的涵義。

出生無量阿僧祇劫色身，莊嚴自明，色身的莊嚴、相貌的醜陋、依報的好壞，菩薩的智慧都能了解。說一切衆生見一切衆生，他爲什麼這生受這個生？爲什麼這生生到中國？爲什麼死後又生到日本？在日本又生回中國，又生到別的國家。乃至不是這個世界生到他方世界，下地獄或者墮鬼道，都能以智慧觀察的清楚明了。

一切諸法滅定智明，定能生慧。一切智法怎麼消失的，世間法是怎麼消失的，又怎麼生起的，又怎麼轉化的，一切法都如是，這叫滅定智明，又叫滅盡定。滅盡定是什麼都滅盡，滅盡就是世間所有的一切色聲香味觸法，眼耳鼻舌身意六根十八界全消滅了；完了菩薩也不捨大慈悲心，還去利益一切衆生，讓一切衆生都能如是了知。

《華嚴經》有一部注疏叫〈探玄記〉，專講智慧的體。我們這裡講神通，神通是智慧的體，這個體是怎麼成就的？普賢菩薩的性、智、相、量、如理、如是，在〈探玄記〉裡頭說的很廣泛，說的很清楚。但是你先掌握住一個，才能看這些深入的，掌握什麼？一個是緣起，一個是性空。說理的法門上，就是性空；說事的法門，就是緣起。

大家在法堂裡共同學習《華嚴經》，這就是緣起，一觀想，根本沒有這麼回事，法堂也是空的，這些人不存在，全是空的。性的本體沒有，在一眞法界裡沒有這些現相，那叫眞空絕相。這是理法界，在事法界，宛然具在，說現實就是現實，這叫緣起。緣起的沒有實在的東西，緣起性空。從性空演變成十法界，因為業，管你造善也好，造惡也好，演變出來十法界。這叫什麼？這就是智慧，也就是神通，明了，這個明是從什麼地方來的？從定來的。定是從什麼地方來的？定是什麼？明是什麼？智慧是什麼？假名。眞正回歸本具的妙明眞心，那就是眞的。你要想知道什麼是妙明眞心的相，就在事法界裡頭找，全部都是。事法界是虛妄的，回歸於理法界，以理來顯事，以事來成就眞心。

云何是諸佛自在。

這是講佛的自在。從十定、十通、十力，也就明白了，佛的自在就是這樣自在。是這樣子嗎？不是的，這都是有作意的，是無礙成就的。若把這個廣說，是無量的。若收攝說，也是講的十種自在。長壽短壽，菩薩自在的作用，因緣還有，那他就多活幾天，這都是假相。因緣沒有了，那就不住世，有時候住世無量阿僧祇劫。有時像我們釋迦牟尼佛住世八十年，怎麼跟無量劫相比？這是生命的命自在，但是釋迦牟尼佛的報身就不是這樣，釋迦牟尼佛的法身就無有言說可說，這就是毗盧遮那。

心自在，十種自在，第一種是命自在，心和命，就是我們衆生最注意的，先在菩薩的智慧方便。

第二種是心自在。能入無諍的大三昧入正定，能現世間一切境界相，這叫遊戲神通。神通是諸佛的遊戲，諸菩薩的遊戲，沒有障礙的。

第三種是財（資具）自在。你要度生，得有個依處。光說法寶，法寶效用的有時候會失去作用，給他幾個錢他把生死苦度了，現在他沒飯吃，沒有房子住，資生工具的得有，珍寶財物的得有，嚴飾的一切事物得有，這叫依報，不是正報，是正定智慧。依報是一切的世間財物，但是在菩薩分上說，都是清淨無礙的。

第四種是業自在，業自在是你所作的事業，看你做什麼，都是自在的，想做什麼做什麼。

第五種是生（受生）自在，菩薩他是隨他心念受生的，不是隨業報受生的，我們不自在，菩薩是自在的。

第六種是解（如意）自在，就是智慧，菩薩的勝解，什麼都明了的。或者說是解脫，沒有罣礙的，有罣礙說不自在了，演說一切妙法無障無礙解自在。

第七種是願自在，菩薩是隨願，隨他的欲、隨他的願、隨他的欲望，他可以隨時出現，隨時又消滅。或者在極樂世界，或者在娑婆世界出現，觀世音菩薩不是極樂世界的嗎？他到娑婆世界來度人，他是自在的。

第八種是神力自在。我們說菩薩諸佛神通廣大，威力不以可測量，示現變化無障無礙的。我們現在不是在東方嗎？他可以把我們這個世界擱到極樂世界的西邊，菩薩的大神力就把你這個世界搬到那兒去了，完了又把你搬回來了。這世界上的人，誰也不曉得知道嗎？這叫神力自在。

第九種是法自在，菩薩說法的時候無障無礙，你跟菩薩辯是辯不贏的，何況跟佛辯，更辯不贏的。無量無邊的法門，塵說剎說、橫說豎說都是自在的，菩薩的智慧就是我們前面所講的，一念間就產生無邊無畏的力量，成正等正覺，內裡清淨無障礙，外面的世界一切依報莊嚴佛國土，無障礙的。

第十種是智自在，佛的智慧具足，於一念間能現如來的十力，成就正等正覺，這在《華嚴經》第三十八品中會詳細說明，我們先釋名，講十自在的作用。

前面講的是題目，下面到經文中會講佛的果德。佛在因中是這樣做菩薩修煉成的。我們現在講的是佛的果德，大家都這樣觀想，說佛的事，「如來出現」。說佛的神力、說佛的自在、說佛的願，這裡頭含著說佛當初修行的時候，怎麼樣成就果德，有的地方把它引申，怎麼能達到究竟、達到佛的果德？

云何是諸佛無能攝取。

這一段是「云何是諸佛無能攝取」，什麼叫無能攝取？除了佛佛道同之外，一切天、人、沙門、羅漢、二乘，乃至於諸大菩薩，他們的神力對佛所做的事不能攝取，也就是不能做障礙的意思，無能制伏，無能毀壞佛所做的。有的翻譯爲「佛聖法」，此處叫「無能攝取」，翻過來了，佛能攝取一切，一切無能攝取佛。佛有十種最勝法、殊勝法，這是〈如來出現品〉標的，但是表現都在佛的〈佛不思議法品〉當中。

爲什麼諸佛無能攝取？其他的一切九界衆生，只能爲佛所制伏，不能制伏佛。想毀壞佛的事業，想毀壞佛的言語、身座、思惟，辦不到的。所以佛的法是最殊勝法，在〈佛不思議法品〉講有十種最殊勝法，前面是「如來出現」，先提一提，不做詳細解釋。

云何是諸佛眼。云何是諸佛耳。云何是諸佛鼻。云何是諸佛舌。云何是諸佛身。云何是諸佛意。云何是諸佛身光。云何是諸佛光明。云何是諸佛聲。云何是諸佛智。

這就是佛的眼、耳、鼻、舌、身、意，六根。也就是從天上、人間、沙門、羅漢，乃至一切二乘、菩薩，不能跟佛相等，也不能跟佛的六根相等。

以下說佛的身光，佛的光明、佛的佛身、佛的佛智，這十種叫無能攝取。佛的眼、耳、鼻、舌、身、意，每一根都有十來顯法，六根三業當中，身業發出光，這個光有長光，有特別放的光。長光就是身光，身光放的光明又有十種，諸佛所作的法有十種法，能夠普徧無量無邊的世界，哪些法？佛的眼法、佛的眼根，佛的眼是無際的。但是佛的眼怎麼樣無際？這裡先不做解釋，等到第三十八品〈離世間品〉再詳細解釋。

這都是標佛的出現，〈如來出現品〉當中說佛的三業，三業就是身口意三業，每部經都說佛的光，那光一放就收了，但是這個光是長放的。在〈佛不思議法品〉，說佛的光明常時如是，微妙的光明，佛的色相，不可說不可說種種色相的顏好，佛的色相的顏好，光明顯現叫光明藏。藏者？佛的身、佛的六根都是有無量的光明，這光明是成就了圓滿的光明，普照十方。佛的放光，在這不是常放的，有時候放，有時候不放，六根都放光，但是以在面門、眉間所放的居多，但是這個光是通常的光。

《華嚴經》所說的光不同，是常徧的，常自在的。現在我們衆生，特別是天人，沒有緣的見不到，我們見的光，有時候有，有時候沒有。形容佛出現的涵義，這只是舉個題。這是諸大菩薩心裡這樣想，這樣啓請。

唯願世尊。哀愍我等。開示演說。

這是請佛說法，前面說的這一段，乃至這一品，沒有言說。那些諸大菩薩心裡想的問號，佛就放光給他們說，光就是言說。在無量的十方世界海當中，一切諸佛，不止毗盧遮那，這是廣說。佛出現是指一切佛的出現，此經但要毗盧遮那的出現。

以下是請法的意思，經文裡是請法，「哀愍我等開示演說」，這是舉請佛說法。十方世界海的一切諸佛，一切諸佛有好多？有世界海那麼多。

又十方世界海一切諸佛。皆為諸菩薩說世界海。眾生海。法界安立海。佛海。佛波羅蜜海。佛解脫海。佛變化海。佛演說海。佛名號海。佛壽量海。

這些菩薩請佛說，「唯願世尊，哀愍我等，開示演說。」心念，就是大家心裡想什麼、求什麼，在你心念，佛就知道了。這些大菩薩請佛說的意思就是，請佛說怎麼樣度眾生？怎麼樣行菩薩道？爲什麼加個「世界海」？就是說諸佛化度眾生的處所，說法演說得有個地方，拿海來形容，言其深廣，化度眾生說道場的用處。

在經文當中，從〈華藏世界品〉、〈世界成就品〉，乃至到最後的〈離世間品〉、〈入法界品〉，都說這些法。

「世界海」就是化用處，衆生海是總的化機，衆生海就是化對機，就是總對衆生的機。法界海是他刹中，一個佛刹當中所攝持的，支持所處的當中所化機的處所。在〈世界成就品〉，就說這個世界安立海，種種因緣具足了，說明因緣。

〈賢首品〉就是所化衆生的方法，就是化生的方法，世界海化生的處所，與法界中所有說一切法，說什麼法？在什麼處所安立？在其他經論說的是四諦，世間法的道理，諦理，世間法只是世間法，離開世間法還有一個道理的。諦就是理，如實的理，世間法是相，是事物；理就不是了，是眞實的。怎麼產生這些？世界的安立，爲什麼安立的？山河大地的水跟山，乃至土地的面積，這都是安立的。我們不可理解，好像這個世界以前就是已經這樣造成了的。但是在佛經上講不同，他有他的安立。爲什麼這個洲在這個地方，這個洋在這個地方，他有一定安立的情況。

世界安立就是世間法，「奈耶」的義理很多，或者叫「理趣」，把這種的安立叫成方便，或是法事，一切法的式樣，什麼樣法是什麼樣，把安立和法式二個合起來，式就是形式，每一法有法理，有形式。

我們說水的法，水法、火法、地法，這都叫法。每一個法跟一個法都不同，這叫世界安立。世界的安立是事，還有理，我們都舉佛海，佛海就是能化衆生的化主。

在〈佛不思議法品〉，拿海形容著佛的法身，形容佛的德相，形容佛的報身、化身的一切作用，這就是佛的妙覺境界相。有時候成了波羅蜜，什麼叫波羅蜜？對於所化者要他怎麼樣去做，化所成形，把這個化的機變成事實，讓他去做。波羅蜜就是到彼岸，達到究竟成佛的意思，我們說波羅蜜就是智慧，智慧怎麼做？大家思惟思惟怎麼做。

現在我們在做什麼？共同讀《華嚴經》就是學習智慧，這叫智慧的生起。不讀《華嚴經》不知佛富貴，不讀《華嚴經》，不知道佛的家當有好大。看看《華嚴經》，那不是我們這個小南贍部洲，也不是我們這個娑婆世界，而是華藏世界，那是佛的家當，也就是他的處所。這個世界所有財寶一切物質，乃至最重要的是衆生機，還有化度衆生，讓衆生得果，得果在果上證明他解脫了，這就是〈入法界品〉，這是佛的離障解脫的境界。所有大衆都解脫了，解脫就叫自在，我們現在就學解脫，什麼是究竟解脫？到了成佛果位，就叫究竟解脫。

現在我們看這個世間相，把他當成眞實的，當成很大的、很廣的。以佛眼觀，這個娑婆世界，只是微塵刹海中的一微塵，把我們的心量放大大的，這叫解脫。因爲我們所看到的是一點一點的，把自己的身心再擴大一點，把五臺山再擴大一點到五台縣，再擴大一點到忻州，忻州到太原乃至到全國，這就大了。合起來也就是一個微塵，在刹海之中的一個微塵。

佛在化度衆生的時候，是隨機應變，但是我們的隨機應變太小了，說「隨機應變」好像說這人很滑頭，隨機應變。若是隨機應變騙人，那是滑頭。佛的化機，可不是這個意思。你是什麼機，你的愛好什麼？多生累劫所作的善善惡惡，因因果果，佛都能知道，給你演說，而讓你這些所有束縛你的，誰束縛你的？是自己的思想束縛自己。因此讓你的思想變化了，變化你的身業，變化你的口業，變化你的意業。佛能化度難化的衆生，這一點來說對我們可就太難了，每位道友都要發菩提心，沒發的勸發，已發的勸增長。完了，你發了心，得去做，做什麼？化度衆生。我們有時候向外化度衆生，有時候向內化度衆生。向內就包括自己，向內就是自己先化度，再去化度衆生，隨機應變化度衆生，這是身業。

爲什麼釋迦牟尼佛現千百億？毗盧遮那，那就是法身，跟衆生都是本具的。盧舍那，功德所報的，那是報身的，重重教化，化度衆生。佛化度衆生、他身業化的時候，他並沒有動，沒有化度衆生的行爲是法身，有行爲化度衆生是化身。在化度衆生的時候，這個涵義是〈光明覺品〉，現在是「如來現相」。在〈光明覺品〉，乃至〈阿僧祇品〉，化度衆生的時間，那長了，無量阿僧祇是沒有時間的時間。因爲佛不動本寂而示現化度衆生，他沒有疲勞感的，不像我們一做點什麼事做多了就疲勞，這是佛的神力。

在〈阿僧祇品〉專門講時間，講佛化度衆生的時間。這個時間，我們把他定為沒有時間的條件，顯佛的德重重無盡，無論約身、約口、約意，都如是。化度眾生得說法，演說，佛說法是稱根說法、對機說法，這是語業化度了，上面講難化眾生，是說身業化，說法是口業化。說四諦、說十二因緣、說六波羅蜜，乃至三十七道品，說四不共，說的法太多了。完了說佛的名號，《華嚴經》單有一品叫〈佛名號品〉，佛怎麼那麼多名號？因為眾生有那麼多的眾生。佛的名號很多，我們知道的不多。在〈佛名號品〉中，佛的名號太多了，所以單定為〈佛名號品〉。

佛的壽命多長？我們知道阿彌陀佛無量壽，釋迦牟尼是不是無量壽？無量壽，八十歲就圓寂了，是無量壽怎麼會死？死了也是無量，那是化現的，他沒有死。唐朝時候的道宣律師也證明了，印度的釋迦牟尼佛沒入滅，還在說法。在隋朝，智者大師誦《法華經》，一入法華三昧，親至靈鷲山，法華一會，儼然未散，佛還在那裡說《法華經》。可是我到印度靈鷲山，什麼都沒有，不過是荒山石頭。《華嚴經》把菩提場的殊勝，說的簡直是不可思議，不是我們所能想像得的到。我到菩提場佛坐的金剛座，那不就是個小土壇，菩提樹已經沒有那麼高，不過還是很茂盛的。

我們去的時候沒有人管理，可以到金剛座坐一下。釋迦牟尼佛坐在金剛座上，他開悟了，明白了。我坐在金剛座上很累，就下來了，坐著腿也痛，腰也酸，什麼也沒有。凡夫跟聖境，現在我們用凡夫心思量聖人的境界是辦不到的。說你有福德，一天總是愉快的，在哪都愉快，什麼都不缺。沒得福德了，拼命去求，溫飽難得。五臺山是文殊菩薩的道場，冬天也有凍死的，照樣有吃不飽穿不暖的，這叫別業。

佛菩薩救度眾生化度眾生，有的化不了，佛不能包辦代替，佛只能說些法，讓你去做，把業障消失，智慧福德就現前。說佛的壽量是隨眾生根基的，住世的長短，不是佛自己能作得了主的。爲什麼？沒機可度，他就這樣入涅槃，有機可度他又現身。佛跟地藏菩薩說，《地藏經》就說，眾生看見我是現佛身，我什麼身都現，有緣才現，沒緣不現。

及一切菩薩誓願海。一切菩薩發趣海。一切菩薩助道海。一切菩薩乘海。一切菩薩行海。一切菩薩出離海。一切菩薩神通海。一切菩薩波羅蜜海。一切菩薩地海。一切菩薩智海。

這是說佛在因地的時候，德深切廣；在初開始，在生死當中，立了大誓願。什麼大誓願？向前勇猛發心精進不退的成佛之心，乞求佛果的大心，要想成就佛果得備二種資量，叫福資糧、智資糧。福智二種資糧，運住菩薩從因到果，運就是教化，運送。好比從甲地運到乙地，現在我們交通方便，可以從深圳、從廣州、從各地，給我們寄來的東西。有從火車運的，有從飛機運的錢多一點快一點，從火車運就慢一點，也有用海運運的。以大心徵求佛果，得福慧資糧積足了，把菩薩從因運到果地，靠什麼運到佛的果地？看法堂那個四個字，「慈悲喜捨」，用慈悲喜捨的運輸工具，就把你從凡夫地運到佛地，這叫四菩薩的根本行。

顯密都如是，大乘小乘都如是，小乘慈悲喜捨，小一點，大乘慈悲喜捨就廣的，無量了。佛對於過去的業，是不論善業惡業。以前鄧小平說過，不論黑貓、白貓，管牠什麼貓？能抓住耗子就是好貓。我把這句話引證來說，你能把業惑斷了，就是好方法。什麼方法？慈悲也好，喜捨也好，用布施可以不？照樣的，布施就是含著慈悲喜捨，布施一度就含著慈悲喜捨。看著衆生痛苦，生了大悲心，大悲心就把衆生的苦給他拔了，給他快樂了，給他快樂就是慈悲心。布施了，不歡喜你還肯捨嗎？要歡喜捨，捨才能得。你不捨，什麼也得不到。慈悲喜捨的涵義就是用慈悲喜捨救度衆生，既是自度，也是度他。

至於「永背業惑、證契眞理」，證眞眞理了。十度，說了六度，下四度都攝到智慧裡，不再重複說慈悲喜捨。這裡頭有通有別，你必須先記住有十信位，寄位叫十信，我們前面念那些名字，十信。先記一個信心，初信。信心，我們認爲是信三寶，信佛、信法、信僧，其實都是信自己。信心，信你的心，這十個都叫信心，先加個信。把你所信的這個心，你明白了，這叫住心，這叫十住。十住再發菩提心，發菩提心之後要起行了，要修行，修行完了要達到什麼目的？達到目的是出離，最後要登地，最後到等覺，一切菩薩都如是，一切眾生成佛的經歷都如是，但是成就的還是你最初發心那個心。

從始到終，豎窮三際，橫徧十方，你所行的法，位位進修。把你的心洗乾淨，經過三大阿僧祇劫，把這個心變成清淨的，跟佛無二無別，位位都如是修，總說五十三位，是通的。菩薩都如是，一切眾生從凡夫地到佛地也都如是，叫通行位，普攝一切的，這種是深廣無邊，所以拿海來形容。

願佛世尊。亦為我等如是而說。

〈如來現相品〉是接續第一品〈世主妙嚴品〉，世主妙嚴所來的諸大菩薩，他們心裡思念著請佛給我們說法，佛沒說法、先現相，所以就叫〈如來現相品〉。如來現相所有的教誨是通的，通到全部《華嚴經》。這個佛果怎麼成的？一品一品、一類一類，標解的非常清楚。爲什麼《華嚴經》份量這麼重？含攝義這麼廣？就是從凡夫地到佛地到成佛，在事上是一件一件事，得說清楚。

世間相的普通一件事，我們要把他說清楚，非常的難。我們自己說自己的事也說不清楚，爲什麼我這麼迷惑？完了做錯一件事又懊惱，這個事我不應該這麼做。沒用處了，做錯就錯了，過去就沒有了。自己受了罪難了，還是說不清楚，爲什麼要受？冤枉的。

在佛經上講，沒有一件是冤枉事。為什麼？自作自受。誰冤枉你？你自己做的，說我今生沒做，前生？前生不知道了。前生的前生？更不知道了。十生之前，一百生之前，一萬年以前，你做錯誤的事，現在受報、成熟了。我們說是遇緣了，好多苦難當中，災害當中，人家死了，他沒死，他不該死。讓我們來說，說不清楚，為什麼在《華嚴經》都說的清楚？以佛的智慧，他知道你無量劫的事。說這個事那個時候做的，七錯八錯的，到現在遇緣了，因緣成熟，你受了。或者是你又抱怨了，那時做的事離我太遠，不是我做的，是你那神識做的，不是你現在的身體做的，不是你現在的身口業，是你過去的身口業做了，現在你要受，你不受也不行。

我以前曾講過那個說不清楚的故事，說不清楚是沒有智慧，有了智慧他就說的清楚。好比那個老鄉借軍大衣不還，有智慧的人一看說，你剛才拿煙燒的，把他的事實揭露了，揭露了不就清楚了嗎？很多事就是這樣子。沒智慧說不清楚，有智慧了說的清楚。我們沒智慧，佛有智慧，我們把從佛經所學來的，這麼一說就清楚了，這叫說得清楚。

在法會前的大菩薩，他們心裡念說，佛，你可不可以把你過去世怎麼成佛的，說給我們聽，我們也照著去做。這就是「如來現相」。

這些大菩薩心裡這樣請，佛就現相，現什麼相？放光，佛不是用口頭答覆他們，佛一放光，他們所問的問題解決了，一千種一萬種這些菩薩所問的法門，萬萬種，佛從光明中就解答了，他們見著光也明白了。

我們經常說，「佛以一音演說法」，佛只說一句話，「眾生隨類各得解」，各取所需。就像我們缺乏火種，要用火引燃，佛就像燈，像光明，你弄一個火燃也可以，草紙也可以，隨便引個火，把你那火生起就完了，就對了。例如水，你要取水你取，你用一桶你取一桶，他用十桶取十桶，各取所需。

「佛一音演說法，眾生隨類各得解。」如果我們普通的一句話，這句話各人體會的不同，像我們看到「如是我聞」，一學就知道了，這個法是我親自聽到的，這樣解釋就明白了，但是不一樣的。這是就事相上說，就理上說可不是這樣子的，就像我們剛才講過的，如如不動來化眾生，就這麼兩句話就是「如是」，「如是」解決問題了，《華嚴經》這法是我親自聽到的。

如果進一步分析，「如是、如理、如因、如緣、如行、如力、如般若、如布施」，那「如」就多了，說不完。「來」就是做了，等你做起來就困難了，說者容易，做者難，觀照你的心，相信你自己跟佛無二無別，多簡單。我們這五六百人成佛了，跟佛無二無別，我的心就是佛心，佛的心就是我的心，還講《華嚴經》做什麼？但是這過程，你的心怎麼就是佛的心？相信你自己是佛不錯，佛做些什麼事？就照三千大千世界說，釋迦牟尼佛千百億化身都在這個世界化度眾生，你把釋迦牟尼佛所化度的眾生，所住的處所、所說的言說、所做的一切成就道業的事業，一個一個的化現，不一樣的；總的說來，一兩個字就解決了，要把他開放，開闊說來，就無窮無盡。

五六百人一個心，我們現在是一個心嗎？每一個人的心有好多的念頭，大家想的一樣嗎？這五六百人再去給別人說法，變成五六千人，五六千人變成五六萬人，再把他們總合起來，理是不錯的，一心。事，可就不同了，那就千差萬別。

大家知道，中國就是我們中國，但是陝西省可不是河北省，也不是河南省，山西絕不是山東。中國現在有三十多個省級單位，每個省有好多人，我們十三億人口，你問他想什麼？小孩子想的、大人想的、老人想的、男人想的、女人想的，一樣嗎？他是人，人心是一樣的。佛所講的道理，「心、佛與眾生，是三無差別」，你從這上體會就知道了。

別說太遠，就說自己，我們認爲佛道長遠，佛也如是說，《華嚴經》七處九會，善財童子五十三參，從凡夫到究竟成佛，一生成辦。有時候我們把一切事物看得非常難，佛理甚深；你不要鑽牛角尖，越深的，你不要到深處去找。怎麼辦？回到你現實生活當中，吃飯、穿衣乃至於上廁所，全是佛法，信嗎？不論在家出家，信不信？不管你信不信，事實就是如是。你信，明白一點，消災免難快一點兒。不信，你就受，受什麼？受苦、受累、奔波、勞碌，不論多富有的人，不問地位多高的人，以為官當大了很舒服，才不舒服。讓你當兩天試試看，你當得下來不？不但國內的國外的，一天的國事、家事、天下事，事事得關心。

我們在普壽寺裡頭一住，聽經念佛，天下事、國家事，什麼事都不關心。你這樣回頭想，越深的佛理就從最淺處入手，穿衣吃飯，只要是個人，得穿衣服，冬天得穿厚一點，夏天穿薄一點，這該懂？現在這個時候如果把冬天的大棉襖穿上，我看你們誰都不帶帽子了，把那披風再圍上，不說他是瘋子，也說他是傻子。

佛經講的就是這些。佛理深的地方若是入不進去，你就從生活當中入手，把日常生活提煉成佛事。因為我有個肉體，要穿衣、要吃飯，那穿衣吃飯就夠了，不行，衣服要穿好點兒，吃的要可口一點。其實，平常吃的普通，突然吃頓好的，你要注意，不是拉肚子，就是肚子疼，吃多了不好。

佛法就告訴你這些事，不要貪太多，好的不要貪，貪完了你受不了。該瞋的不要發脾氣，起瞋恨心，發脾氣、嫉妒障礙，你害我、我害你，無量劫來就殺來殺去、殺來殺去，永遠不停的，不是你殺人，就是被人殺。

今天你生到中國，是中國人。日本從一九三一年九一八事變開始到二次大戰，侵略中國，大家知道南京大屠殺，這些人殺完又生到哪去了？報復去了，生到日本。日本人在這個地方殺人了，來還債了，他生到中國來受罪。被水災了，被火災了，被什麼災害了，你那時殺過人，到時生到這來，你想得好？想發財？想享受？

門都沒有，這是北京話，「沒門」，也就是辦不到，走不到，走不通，幹什麼來了，來受罪還報。

這就是互相交攝。在佛教講就是「人同此心，心同此理」，道理是一樣的，這是世間的因果報應。但是《華嚴經》可不這樣講，因果是互相交叉，無量多種的因，產生多種的果；感到你受的時候，你才知道難受，難受也得受，反正自己做的，佛世尊教化我們就如是。但是一假文字，心裡就變化了，只是我們不知道，沒有智慧。我們只能掌握一個整體，不能掌握變化，佛經是講變化的，從人變化到成佛，中間變化的時間又長，這裡頭事情特多特複雜了，我們學起來感覺很複雜。

再回觀世間法，恐怕比這更複雜。我們在普壽寺裡住的師父們，不看報不看電視，外邊不會傳進來任何消息，傳進來我們也不接受，我們一天幹什麼？磕頭、念佛、上殿、過堂、聽聽講講經，腦子裡裝的是這些。如果把這個打開，安個大電視，每天早晨一開，你可以拿個筆記本記上，不論歐洲的、美洲的、非洲的、阿拉伯世界看一天死好多人，死於災難的、死於戰爭的、死於火災的、死於水災的、乃至於山西煤炭塌窯子了，挖煤挖的塌了，電力沒有了，地下冒水了，死好多人？你統計一下。

這只是說的人類，畜生界？有好多螞蟻死了？我們只是塌方搶救人，沒說搶救螞蟻的，提都不提牠，爲什麼？牠不是人。是，牠不是人，我們只注重人類，如果是螞蟻界畜生界，牠只注重畜生。現在人類發展了，我想螞蟻也發展，牠們也有訊息、信號。這個我觀察過，這兩隻螞蟻因爲在這碰什麼了，或者兩個不舒服打起架來了，兩個都跑了。你蹲那兒，你別走，再待一會就很多螞蟻，螞蟻越來越多，就打。螞蟻打完仗了很特別，不像我們人，人打完仗了，有時把死屍丟那不管，螞蟻不行，螞蟻打完了，勝負都是做一回事，我看那螞蟻牠們有和議的，那兩邊又回來了，我撿我們的死屍，你撿你們的死屍，戰場結束，戰場清淨乾淨。

螞蟻打架，我跟著螞蟻觀察牠們，牠們也是一類衆生，觀察牠，佛教我們度衆生，我感覺度人類很難，誰聽你的？你要是蹲那螞蟻洞，那螞蟻你來給牠念佛，給牠吹口氣，我度螞蟻還容易，牠沾到你的氣息，沾到佛。還有特別討厭的蟑螂，我們好多弟子，看到蟑螂，他說師父，我想拿開水澆牠，我又怕殺生，怎麼辦？我說你蹲那給牠念佛，拿氣吹，天天念天天吹，就減少了，效果非常靈。

至於老鼠，我們後邊的老鼠很多，你別非要逮住牠、整死牠，要給牠念佛，念聖號，牠自己就會覺悟了，別不相信。度衆生的方法，你度人，人不一定相信你的，因爲人是很卑賤的。誰看得起和尚，看不起的。你度畜生該可以，牠們看得起你，畜生的靈性有時比人還強。佛經上，佛可沒分光度人，佛是法界衆生，法界衆生裡頭越重越別人討厭的，你是菩薩，你不能討厭，你專門度那個人家最討厭的衆生，牠最苦了。牠爲什麼變成畜生，使人討厭，知道嗎？他過去盡害人，人人討厭他，他就變成了人人討厭的畜生。生前做人的時候，害人害太多了。

我剛才說最尊貴的，越有錢的、越有權的，他害人害的最多，我們能害幾個人嗎？你殺一個人，就把你抓起來，坐監牢去了，你能害到好多嗎？像小布希打伊拉克，你說他殺好多人嗎？這不算到他的帳上嗎？有權是好事？有權不是好事。有錢又有勢，你一個人佔有了，好多人沒有。

我以前跟你們說要節省水，這個世界上現在有很多人沒水吃。以前我自己這麼樣說也不大十分相信，後來我在浙江雁蕩山，竟然會沒得水吃，連做飯的水都要沒有了，我才知道眞正要缺水了。一個水、一個火，多了是不可以，水災糟糕了，那水災把人都沖跑了，把人也害死了。沒有了，那可糟糕了，如果我們沒水，你想想看，如果我們那套間裡沒水了，那一天臭死你，那套間你就住不成了，享受不到。沒吃的水怎麼辦？沒喝的水怎麼辦？如果你不懂佛說的甚深法，按我說的方法，你如是想去，把那甚深道理用最淺近的道理去體會，當你有水吃的時候，不要浪費，你想到沒水的時候，說這個跟那有關係嗎？絕對有關係。

節約水的人，一定有水吃，愛惜生命的人，你想要愛惜你的生命，不要浪費，我說這話，我們剛才講到無量壽，講到佛壽命的時候，佛對壽命非常珍惜的，看佛所做的什麼事？五欲境界你不貪，愛惜生命。好吃的，你小心，少吃兩口，平常吃六分飽七分飽，或者吃四五分飽就可以了，吃多了，你那個胃消化不了。

你常時這樣子，壽命自然長，不要浪費，腦子不要胡思亂想。胡思亂想太多了，晚上你睡不著覺，倒在床上烙餅，翻來覆去，翻來覆去，想的太複雜。爲什麼睡不著？思想不集中。對一件事情，你做的時候，瞻前顧後思左想右，就是下不了決定，這種人一事無成，失敗就失敗，成功就成功，反正他兩方面，不失敗就成功，成功了一定要失敗。這個道理應當懂，有生一定有死，這個世界上沒有長生不死的，那只是希望、願望。松、鶴，松樹最長了，鶴的壽命最長了，人拿它形容著生命，你能像松樹那麼安靜嗎？所以松樹的壽命自然長了。

你把你的生命浪費很多，不論身體、心裡、口裡，身口意三業浪費很多，你怎麼得到長壽？得不到長壽，因爲你的嗜好很多。所以求長壽得長壽，就是你得愛惜。一切事物都如是，佛就這樣教導我們，所以佛也如是說，「願佛世尊亦爲我等如是說」，怎麼樣說？一品一品說。

這頭裡沒有明說，心裡思念的有四十問，佛就放光答覆，從〈世界成就品〉開始，到〈華藏世界品〉、〈如來名號品〉、〈四聖諦品〉、〈光明覺品〉、〈阿僧祇品〉、〈如來壽量品〉、〈佛不思議法品〉，佛都如是答覆。

前面是放光答覆，大菩薩他一放光就體會到。光裡含著很多意思，我們能體會到嗎？世間上一切現相都答覆世間問題的，看那雲就知道這個地方要長水了。要有什麼災害，看見螞蟻搬家了，地震了，就知道這個地方要發生地震，世間相都來告訴你。

在〈四聖諦品〉、〈光明覺品〉專門談這些問題。〈阿僧祇品〉是談數量的，壽命住處不思議。第八會是答波羅蜜海，波羅蜜像海那麼深。第九會專門說解脫海的。這些問題，現在只是標名，以下會一個一個講，說點世間事！《華嚴經》是講世間離世間，到三十八品就是「離世間」，前頭是講世間的。在世間的事有無量事，都能可能知道，就是你不動腦筋，沒這個智慧。

在隋朝時候，岱州（按：今為代縣）有位解脫和尚，他在五臺山的照國寺出家。那麼他就學習出世法，想學佛法，到了抱負山智超禪師那兒學佛法，智超禪師對他非常器重。後來，解脫和尚又回到五臺山照國寺。他怎麼修行？白天讀誦大乘，晚上禪定觀想。

佛在世的時候，對比丘比丘尼的要求，沒有時間睡眠，到了中夜可以讀誦大乘，稍事休息。中夜是睡覺時候，還得讀誦大乘經典。為什麼我們廟裡，寺廟裡規定兩點半鐘到三點鐘起床？讓你起來念經。說我們現在的人身體，支持不了的，還是要睡覺的，這是中夜睡眠。

解脫和尚，他是白天讀誦大乘，晚上是禪定觀想，沒有睡覺。他在五臺山的東台腳底下見到了一位草衣比丘，為什麼叫草衣比丘？沒有衣服穿，穿的是草，大家想想五臺山是什麼氣候？穿草衣過冬，而且是坐在石頭上，沒有房子、茅棚，遮風擋雪的地方？沒有，在那裡雙盤膝打坐，但是法相十分莊嚴。

解脫和尚就給他頂禮，說求你慈悲慈悲告訴我，我想求見文殊菩薩，求文殊菩薩開示。在這個時候，他就祈求他指示文殊菩薩在哪裡？這個比丘就給他指，指什麼？金色蓮華，他一指就現那金色蓮華，這是在清涼國師〈疏鈔〉裡面說的。

這位解脫和尚，就順著他手指的方向看，一回頭，這個坐著的比丘不見了，他心裡明白這個不是旁人，可能就是大石頭裡現的，他就對著這個大石頭磕頭，晝夜不息。磕了好長一段時間，那個比丘給又在山腳底下現了。但是現的不同了，圓滿的光明，只給他現半邊身。跟他說，你想知道什麼是解脫之道？解脫之道無他，全在你自己，你求你自己就好了，不要東求西求的，這就能契入無生法忍，何必求他人。

這話說完了就不見了，解脫和尚就曉得了。念經打坐這都是狂妄，平息自己的思想，觀想什麼？觀想《金剛經》所說的「無生法忍」境界。

這是清涼國師記載下來的。但是必須得發廣大願，解脫和尚就說：「不能獨善其身，要把我所得的解脫道，跟一切衆生結合。」凡是的螞蟻蟲蟻，只要是有情，讓牠們共享此微妙大法，這就是華嚴境界。「願我身常住三昧」，常入定中，爲一切衆生現身說法，佛力資持故。這就是這位比丘跟他說的，解脫和尚就問，寂滅之法本來微妙不可說的，假如可說還叫解脫法嗎？完了，五臺山都普遍的現了智慧燈境界，現智慧燈。後來這位解脫和尚到山西的岱州去傳戒，傳戒完畢了，他到了在傍晚才回家，沒法作功課，在回家的路上就聽到空中傳來的聲音：「合掌以爲華，身爲供養具，善心眞實香，讚歎香烟布，諸佛聞此香，尋聲求救度，衆等勤精進，終不相疑誤。」「合掌以爲華」，把手合起來就是華了；「身爲供養具」，沒有香，沒有臘沒有華，用你的身供養就可以了，發善心，發菩提心；「善心眞實香」，讚歎諸佛。

解脫和尚在岱州這一帶度衆生，度了五十多年。

爾時諸菩薩威神力故。於一切供養具雲中。自然出音。而說頌言。

無量劫中修行滿　菩提樹下成正覺
為度眾生普現身　如雲充徧盡未來
眾生有疑皆使斷　廣大信解悉令發
無邊際苦普使除　諸佛安樂咸令證
菩薩無數等刹塵　俱來此會同瞻仰
願隨其意所應受　演說妙法除疑惑

這一段一共三個偈頌。首先是讚歎佛。說佛在無量劫中修行滿了，在菩提樹下就成了正覺，成了正覺，一定化度衆生，普度衆生普現身，度衆生隨衆生相而現一切身，就像雲彩一樣常時入世的。

第二個偈頌是衆生有懷疑的，皆使他斷除，不要懷疑，使他信心解悟。雖有無邊苦，知道苦了，信解了，把無邊苦都能給他斷除，一切諸佛令一切衆生安樂，讓他證得佛菩提。

前幾個頌是讚佛的悲和智，悲智已經滿了，成就佛的果德了，示現身的度衆生。悲心能普遍，悲心一定普，能達到目的，能使衆生得度的時候，一定有智慧。「菩薩無數等剎塵，俱來此會同瞻仰，願隨其意所應受，演說妙法除疑惑。」來的這些菩薩，有的默念，請佛說法，默契了。這些衆生不是一般的，都是修得成就的，來華嚴會中瞻仰世尊，願隨他的心裡所想，他所應受的法。「演說妙法除疑惑」，演說妙法是放光即是說法，如來放光即是說法，把他的疑惑都除斷。

云何了知諸佛地　云何觀察如來境
佛所加持無有邊　願示此法令清淨
云何是佛所行處　而以智慧能明入
佛力清淨廣無邊　為諸菩薩應開示
云何廣大諸三昧　云何淨治無畏法

神通力用不可量　願隨眾生心樂說
諸佛法王如世主　所行自在無能制
及餘一切廣大法　為利益故當開演

請法分成三大段。最初是問答的，但是不是明顯的，而是思念的，偈頌當中沒說的，這裡所開演的、所請問的，都是心念，不是放光。後面放光，就給他解釋了，完了又解釋佛的六根。

佛眼云何無有量　耳鼻舌身亦復然
意無有量復云何　願示能知此方便
如諸剎海眾生海　法界所有安立海
及諸佛海亦無邊　願為佛子咸開暢
永出思議眾度海　普入解脫方便海
所有一切法門海　此道場中願宣說

這不是用言說說的，他是用思念這樣請，在佛宣示的時候，就把這些菩薩心裡所想念的，佛以光所照的都變成文字。前面只是舉例顯佛的果德，到後面才會講。

◎光召有緣

爾時世尊。知諸菩薩心之所念。即於面門眾齒之間。放佛剎微塵數光明。

一切菩薩心裡所念的、想問的一切問題，並沒有說，不用言語表達，佛的他心通，都一一都了知，來此會的無窮無盡剎塵數的菩薩心念，全部都了知，每一位菩薩所問的，佛就給他答覆了。怎麼答覆的？放微塵數光明，有好多問題就放了好多光明，光明就解答問題。

所謂眾寶華徧照光明。出種種音莊嚴法界光明。垂布微妙雲光明。十方佛坐道場現神變光明。一切寶燄雲蓋光明。充滿法界無礙光明。徧莊嚴一切佛剎光明。迴建立清淨金剛寶幢光明。普莊嚴菩薩眾會道場光明。妙音稱揚一切佛名號光明。如是等佛剎微塵數。一一復有佛剎微塵數光明。以為眷屬。其光悉具眾妙寶色。普照十方各一億佛剎微塵數世界海。彼世界海諸菩薩眾。於光明中。各得見此華藏莊嚴世界海。以佛神力。其光於彼一切菩薩眾會之前。而說頌言。

放光就是佛已經領略這些菩薩心之所念，光即是聲；這些菩薩所懷疑的、所有的問號、所有的疑問，光中都答覆了。光是現相，菩薩是心意，佛現相就給他答覆，這一品叫〈如來現相品〉。答相是什麼意思？怎麼答覆的？佛以三昧力，假佛的定力加持放光，先是放光令他們來，現是放光解他們的疑惑，這就是佛的境界。云何是佛的境界？放光答覆他們所問的，放射光明都是佛的境界，這是總的來說。

放光的時候，從佛的面門，面上有口，口裡有牙齒，放此光，佛有四十齒，口光達齒，佛從法上生的這些菩薩，用這個表法的。四十齒表什麼？表十住、十行、十回向、十地。這是表法說，住行向地，光中都說了，他有四十位，佛把這些菩薩的心念總結成四十個問答。佛就從此放光，佛的口業殊勝，口中的四十齒，法分四十種，什麼法？光明入普賢之口。

學《華嚴經》的時候，好多是意念，由意念變成事實，事實是什麼樣的事實？光明。諸菩薩所問的，佛以光明答覆他，當然只有菩薩才領會，能夠見到佛的光明。我們經常求感應，感者就是你的求，你的感就是你心裡所想，像我們經常念佛禮佛，或者拜佛的時候，心裡都是有所求。但是我們面對的是相，你把那相作爲眞實的，所求的也作爲眞實的，事實也是眞實的，對我們本來說都是眞實的，因此而得到光的加持。

佛是一切智者，凡是見佛的一切見者，天人阿脩羅能夠有這種因緣，能感得到，聞法的，法中含的光明義，說如來取於世，出世間就是徧覆華藏世界三千大千世界。

這個有時候通說，有時候廣說。局限說，僅是對的有緣的，無緣的不見不聞，沒有這個因緣，能見能聞，得佛的加持。我們經常求佛加持的時候，有的感的光，有的沒有，你都得到加持。加持義就是含著你的業障逐漸的消失，業消失了，智慧就增長。

無量劫中修行海　供養十方諸佛海
化度一切眾生海　令成妙覺徧照尊
毛孔之中出化雲　光明普照於十方
應受化者咸開覺　令趣菩提淨無礙
佛昔往來諸趣中　教化成熟諸羣生
神通自在無邊量　一念皆令得解脫
摩尼妙寶菩提樹　種種莊嚴悉殊特
佛於其下成正覺　放大光明普威耀
大音震吼徧十方　普為弘宣寂滅法
隨諸眾生心所樂　種種方便令開曉

往修諸度皆圓滿　等於千剎微塵數
一切諸力悉已成　汝等應往同瞻禮

這十個偈頌分成五段，有六個偈頌是自彰因果已圓，這是讚歎佛的功德已圓。勸一切眾生共同的瞻禮佛，最初這個偈頌明佛的自利利他，自利利他的因緣，成徧正覺知，這就是因緣果滿。從最初乃至佛的每個毛孔都放光，放光的涵義是開示眾生的覺明，讓眾生覺悟，讓眾生明了。

這就是佛十號當中的「明行足」。讚佛十號的「明行足」，「如來、應供、正徧知」，完了是「明行足」。讓一切眾生都明了，說佛在一切諸趣中都明了，那叫「如來、應供、正徧知、明行足、世間解」。一念解脫，這就是禪宗所說的，頓開直入，立證菩提。如來往生一切諸趣之中，度一切眾生，讓一切眾生都能覺悟，叫「世間解」。「善逝」，是他入涅槃了。佛的十號是以他的德成的，是以他的修行成的。我們說「世間解」，世間解就成正覺了，這是佛義。本來佛是寂靜的、無爲的，寂靜無爲，所以叫「無上士」。隨以眾生心能開覺悟，所以叫「調御丈夫」。因此，佛的十號就是佛的十德，德所成就的，能給一切眾生諸力皆圓滿，所以成就「天人師、佛、世尊」，就是這樣。三世所尊的，給天人做師表的。

十方佛子等剎塵　悉共歡喜而來集
已雨諸雲為供養　今在佛前專覲仰

「十方佛子等剎塵」，言其多。信佛的弟子，不論聞法的、行法的、證法的，都包括在內。歡歡喜喜的，悉共來集，集是集會到菩提場。聞佛說華嚴，「十方佛子等剎塵，悉共歡喜而來集」。

我們前面講解脫和尚的故事，有聲音從空中告訴他，「用意念供養就好了！」這叫意供。這是普賢菩薩十大願王的法供養。法供養就是意念供養，你可以把你見到的所有寶物、所有的香華，都收攝在你心中，意念當中，完了來供養佛，這叫意供養。意供養很眞實的，歡歡喜喜的來供養佛，要把它作爲物質來供養，「如雲、如雨、言其廣多」，在佛前作觀想。你每次拜佛、意佛、念佛的時候，就在佛前觀想，作供養。在你一切行處，一切行處，無論你做什麼都作供養。

昨天我們好多道友在那兒勞動的，我當時心裡就想，他勞動的時候，心裡有沒有想過這是供養，他沒想過，我在那替他想了，這叫身供養。他在那幹什麼？我們看見是勞動、鋪路，或者砌臺階，可能他們沒想過，我在那兒替他們想，這叫莊嚴佛淨土。

在智首菩薩問文殊師利菩薩，修行成道的法，怎樣修行成道？一切行、一切動，一切的意念，你把他都拿來作供養，這叫身供養。如果心裡再作觀想，叫意供養。供養三寶，我們鋪那石頭彎彎路，拿那水泥，這都是供養，但這要你身體去做，你做這事幹什麼？這是寺廟，寺廟是幹什麼？叫道場。說道的處所、行道的處所、是衆生的福田地，或者你們說我說笑話了，不是眞實的，這才是眞實的。

你種了福田，沒有工資、沒有待遇，那不是白幹？這個收穫可不是一個月拿兩千塊錢，而是無價的。當時是不是做這樣想？諸位道友，你學法爲什麼？告訴你個方法，你拿這個方法不去用，你學他幹什麼。你要用了，那個功德沒法計算的，誰能把這個算出來！好像是在那兒拿鏟子鏟鏟，刨刨，鋪鋪磚，鋪鋪石頭，這很簡單。但是你用你的意念一回向，說是供養三寶的，那完全變了，我這是莊嚴佛淨土，我們每次念回向偈子都是莊嚴佛國土，怎麼樣莊嚴？舉足下足，舉心動念，投一手的力量，莊嚴佛淨土，力量沒有大小，是看你的心念，心念大了，那個功德就叫不可思議。你算不出來，等後面感果的時候，果是怎麼成就的？怎麼來的？平常積累的念。

如果翻過來，念罪惡，怎麼樣念罪惡，你在那兒一邊幹一邊心煩，沒辦法，好像被迫的來做，又流汗，不願意幹又不能不幹，不但沒有福德，變成罪業了。衆生的福報跟善惡業的關係，福報還有禍報，光念福報，他有禍跟著，福建立在什麼上？福建立在禍上。禍建立什麼上？建立在福上。兩個互相相稱的，你不念福，可就變成禍，禍報亦無量。

在三寶當中，如果不善用其心，本來是好事，但你的心不往好處想，他就變成壞事了。「福兮禍所依，禍兮福所聚。」禍福無門，沒有一定的門路，唯心自召，眾生自己的感召而已。懂得這個道理，你體會到，如來是一音說法的，不可限量的，能演說甚深的大海，各個的見聞覺知不同。演說一切的妙法，法是應心，法是一個方式而已，你不想覺悟嗎？佛法就是覺悟的方法，告訴你怎麼去做？你若照著佛所說的去做，你就覺悟了。

如來一音無有量　能演契經深大海
普雨妙法應羣心　彼兩足尊宜往見

「契經」，契是契理也契事，跟事合，跟理也合，那個理甚深廣大像海一樣的，像下雨一樣的，普遍的。

「兩足尊」是佛福德、慧德，就稱為兩足尊。福圓滿了，慧圓滿了，就叫兩足尊。但是魔、外道就生煩惱了。這幾天下大雨，兩湖三江都不大好，暴雨成災，受害的人民很多的。這個不是妙雨，如果天氣很熱惱、很乾燥，下了雨，你歡喜的不得了，這是解除困難；太多了反成了災害了。是正反兩方面，佛子聞著佛說法，生歡喜心，天魔外道、邪知邪見，他聞著佛所說的法，他就非常煩惱。在一切覺悟者，學佛所說的方法，就是覺悟的方法。以我們現實生活當中，這個地球上現有的人，僅僅這個小地球，不說三千大千世界，僅僅南閻浮提一個小小的地球，六十多億人口能夠領會普雨妙法的，有好多？很少。再把領會的，依法而去行，行就是去做，不光聞聞聽聽方法而已，還要照著方法去實行，更少了。如來的圓音是隨著機衆的，見聞一定得到利益。不見不聞？得不到。若是翻過來，謗毀的、破壞的，那就苦難太深了。一切法，佛法也如是，兩方面的。不是聞了法都能深信不疑，能照著去做的，少之又少。

《華嚴經》只勸我們生個信心，生個信仰心就好了。這是佛現相，讓我們生個信心，千萬莫謗毀。我們讀《地藏經》，如果不信《地藏經》，謗毀下地獄。要是謗毀《華嚴經》，可比那重的多。看見他的正面，也看見他的反面。說見者必蒙益，不見者得不到好處，謗毀者得到罪業就深了。我們現在是見不著佛，能見到化身佛，能見到佛像、菩薩像。到了五臺山，處處都能見到文殊菩薩，如果沒有這個心，見著文殊師利菩薩也不是文殊師利。如果生謗毀，妙吉祥會變得不吉祥。問題是兩方面，學法者雖說不能進入、不能證入，你能產生個恭敬心，一個信仰心、一個尊敬心、一個欣樂心，欣樂心就是希望，但是希望還得變成達到目的，如果達不到目的，光是希望不能解決問題，要去做，你做一點兒，可以得到十分，你做十分可以得到百分。

三世諸佛所有願　菩提樹下皆宣說
一剎那中悉現前　汝可速詣如來所

三世諸佛，過去、未來、現在諸佛，他們的願總說起來是度眾生，化度眾生，願一切眾生都把災難消除，究竟達到成佛，現生當中快樂安靜，這個就不容易了。現在我們這個地球，僅有六十多億人類，那個無量億的畜生類就太多了，我們不知數。佛所說的包括畜生，包括天、地獄，餓鬼、畜生、阿脩羅。他不但不信，而且不聞，連聞都聞不到，怎麼信？六十多億人口，聞到佛所覺悟的方法的人不多，三世諸佛所有願力，他願什麼？願一切眾生都成佛。

所以他在菩提樹下都如是宣說一切法，什麼法？從凡夫怎麼斷煩惱，怎麼樣達到究竟成佛？斷煩惱證菩提，宣說的就是這些方法。華嚴會前面的這些大菩薩，心裡頭默念請求，就在一剎那中、心念一動的當中，都現前了。「汝可速詣如來所」，你去佛的處所快一點。各有各的願，各有各的想法。

有的道友專誦《藥師經》，想生琉璃世界，當醫生的大多都是這個願，讓眾生沒有病，有了病了，服了他的藥都能治好。有的眾生要生西方極樂世界，有的眾生哪都不去，就在這個世界度眾生，各隨各人的願力，願力無窮的當中。

毗盧遮那大智海　面門舒光無不見
今待眾集將演音　汝可往觀聞所說

「毗盧遮那大智海」，是大智慧海，「面門舒光無不見」，用他的面門放出光來，讓與會大衆都見到，你不是有疑惑嗎？佛都給你答覆了，以光來答，默念、請法、光答。你能到佛的處所，有緣者，光感召你來聞法參加華嚴道場，光又給你說法。你心裡想念什麼，光中就答覆你了，這叫光答。但是得有這個智慧，才能夠得知光所的涵義。

前面講，世尊知道來的那些菩薩心裡想什麼，就跟他們說了，你們所想的，我告訴你們。怎麼告訴你們？從牙齒放光，跟十方大衆說。牙齒放光，就達到前面那些菩薩心裡所意想的。因爲如來知道他們所依，用牙齒放光普照。光裡還有光的眷屬，主光跟餘光，餘光就是眷屬，說光芒四射，那個芒四射就是眷屬，光的眷屬。光有色相，有現紅的，有現黃的，有現藍的。這光能照多遠？看緣，有的見著了，很遠很遠見到了，有的在跟前還沒見到，光照有緣，不是照遠近的。

那些在法會大衆蒙到光了，光一照就顯現了，有緣來相聚。這個光照的很遠很遠的，他方世界的菩薩都來集會，光的感召；聞著光的告誡，十方大衆有緣者都來會。這裡頭，那些菩薩又有問號。什麼原因？什麼緣故？佛放面門的此光。

先說面而入口中放佛的慈光，這是問，心裡懷疑這樣問。面門此光嗎？口是說的，因爲你發音的時候，有齒音、有唇音、有喉音，從喉嚨發出音，音聲經過牙齒。他聽到沒牙齒的，說話就不同了。

所有的言音，於這種中出光。要想達衆所的疑惑，普告來華嚴法會集合的十方大衆，答這些問號，他問的時候有涵義。這些菩薩念，云何是佛的地？云何是佛的境界？云何是佛的加持？云何是佛的行？云何是佛的力？

菩薩的問號很多，佛以口中牙齒放光。光的是什麼涵義？光的力量，光的作用，總之是除黑闇的，光能除闇。疑惑，疑就是闇，不明白就叫疑，疑就是闇。我們知道自己現在修行到什麼地位，或者得到文殊菩薩加持，有一種是「顯加」，或者現身現光，或者是光照，或者是示夢，這都叫顯加。有一種是「冥加」，冥冥的是闇中加持你了，這叫闇意。衆生都喜歡顯加，闇加不知道。因爲佛放光明能除你的現在，也除你的未來。過去已經過去了，說現在跟未來心中疑難，問號很多；凡是問，就是不明白。

佛以口齒放光，表佛出音聲說法，這是光之由來；以光明之中讚歎如來的行道已滿了，利生已經圓成成就了。光明就告訴大衆，現在你來到華嚴法會聽佛的果德，這一品，如來現相，因圓果滿。同會一個道場，是菩提場。佛現他不可思議的自在受用，他把他自己的自在受用，來教導與會的大衆。他的自在受用是什麼？在光中表現。

◎所召雲奔

爾時十方世界海。一切眾會。蒙佛光明所開覺已。各共來詣毗盧遮那如來所。親近供養。所謂此華藏莊嚴世界海東。次有世界海名清淨光蓮華莊嚴。彼世界種中。有國土名摩尼瓔珞金剛藏。佛號法水覺虛空無邊王。

這是說左鄰右舍。不止佛藏世界海，佛藏世界海的東邊也有世界海，叫什麼？清淨光蓮華莊嚴，莊嚴佛國土的那個國土，不叫華藏，叫清淨光蓮華莊嚴。彼世界種中，一個種裡頭產生無量世界無量國土，有個國土就是清淨光蓮華莊嚴的國土，這個世界種有國土，名字叫摩尼瓔珞金剛藏，有佛世尊佛號是法水覺虛空無邊王。

於彼如來大眾海中。有菩薩摩訶薩名觀察勝法蓮華幢。與世界海微塵數菩薩俱。來詣佛所。各現十種菩薩身相雲。徧滿虛空而不散滅。復

現十種雨一切寶蓮華光明雲。復現十種須彌寶峯雲。

爲首的菩薩，他的眷屬與世界海微塵數菩薩俱，這個數字，我們是不可知的，「世界海微塵數」，說這個菩薩的眷屬有這麼多。「來詣佛所」，就是說從清淨光蓮華莊嚴的國土，國土叫摩尼瓔珞金剛藏。佛號叫法水覺虛空無邊王。他的會中有菩薩摩訶薩，名觀察勝法蓮華幢。

他帶來好多的同類菩薩？有世界海微塵數這麼多菩薩，來到華藏世界毗盧遮那佛所。來的時候見毗盧遮那佛，要先興供養，各現十種菩薩身相雲。十種菩薩身相雲徧滿虛空，這個雲不散不滅。雲中復現十種雨，不說供養具，說雨，這雨下些什麼？不是雨點，不是水，而是一切寶蓮華光明雲。供養具是光明雲，完了還現十種須彌寶峯雲。

復現十種日輪光雲。復現十種寶華瓔珞雲。

寶華瓔珞，像雲那麼多無窮無盡的。

復現十種一切音樂雲。復現十種末香樹雲。

奏樂，為什麼加十？十表無盡，〈普賢行願品〉的十大願都是無盡無盡數，說把一數到十，完了十一十二，還得從一起，還是數到十，就是十億百億千億萬億，也是一至十，這是記數。完了，現瓔珞、現音樂、現樹，樹都是香樹，現樹來供養。

復現十種塗香燒香眾色相雲。

塗香供養是身上抹香的，或者是把法堂都塗上香，那就叫塗香。還有燒的香拿雲來形容，拿香樹來形容。

復現十種一切香樹雲。如是等世界海微塵數諸供養雲。悉徧虛空而不散滅。

這是東方的供養。

現是雲已。向佛作禮以為供養。

禮拜還是供養。

即於東方。各化作種種華光明藏師子之座。於其座上。結跏趺坐。

菩薩自己帶來寶座，華藏世界沒給他準備，十方諸來的菩薩自己帶來的座。還要供養佛，供養完了，自己現的寶座也不散滅。

「即於東方」，各作種種的華光明藏師子座，在其座上，結跏趺坐。十方化座，體和相都不同，但是他這個光明藏師子之座，師子的涵義就是說法。爲什麼說蓮華藏？約菩薩說，他還沒有成就佛果，含藏開敷之意。蓮華是含藏著開敷，約他所詮的義，說他的依報，蓮華座是他的依報。又者約這個華跟所含藏的所依的依報，就顯因嚴果德。

這個菩薩所說的果德，身和土的莊嚴不可思議，一個正報必須就有依報，依報只說蓮華座，還於本方坐者，面對佛。佛不但是音圓，身亦圓。哪方來的菩薩都是面對著佛，東方來的見著佛面對著他，南方來的見著佛對著他，西方來的菩薩也見著佛面對著他。

此華藏世界海南。次有世界海名一切寶月光明莊嚴藏。彼世界種中。有國土名無邊光圓滿莊嚴。佛號普智光明德須彌王。於彼如來大眾海中。有菩薩摩訶薩名普照法海慧。與世界海微塵數諸菩薩俱。來詣佛所。各現十種一切莊嚴光明藏摩尼王雲。徧滿虛空而不散滅。復現十種雨一切寶莊嚴具普照耀摩尼王雲。復現十種寶燄熾然稱揚佛名號摩尼王雲。復現十種說一切佛法摩尼王雲。復現十種眾妙樹莊嚴道場摩尼王雲。復現十種寶光普照現眾化佛摩尼王雲。復現十種普現一切道場莊嚴像摩尼王雲。復現十種密燄燈說諸佛境界摩尼王雲。復現十種不思議佛剎宮殿像摩尼王雲。復現十種普現三世佛身像摩尼王雲。如是等世界海微塵數摩尼王雲。悉徧虛空而不散滅。現是雲已。向佛作禮以為供養。即於南方。各化作帝青寶閻浮檀金蓮華藏師子之座。於其座上。結跏趺坐。

此華藏世界海西。次有世界海名可愛樂寶光明。彼世界種中。有國土名出生上妙資身具。佛號香燄功德寶莊嚴。於彼如來大眾海中。有菩薩摩訶薩名月光香燄普莊嚴。與世界海微塵數諸菩薩俱。來詣佛所。各現十種一切寶香眾妙華樓閣雲。徧滿虛空而不散滅。復現十種無邊色相眾寶王樓閣雲。復現十種寶燈香燄樓閣雲。復現十種一切真珠樓閣雲。復現十種一切寶華樓閣雲。復現十種寶瓔珞莊嚴樓閣雲。復現十種普現十方一切莊嚴光明藏樓閣雲。復現十種眾寶末間錯莊嚴樓閣雲。復現十種眾寶周徧十方一切莊嚴樓閣雲。復現十種華門鐸網樓閣雲。如是等世界海微塵數樓閣雲。悉徧虛空而不散滅。現是雲已。向佛作禮以為供養。即於西方。各化作真金葉大寶藏師子之座。於其座上。結跏趺坐。

這個西方極樂世界，在我們西方極樂世界的西方，是另一個世界種，不是我們華藏世界種。

此華藏世界海北。次有世界海名毗瑠璃蓮華光圓滿藏。彼世界種中。有國土名優鉢羅華莊嚴。佛號普智幢音王。於彼如來大眾海中。有菩薩摩訶薩名師子奮迅光明。與世界海微塵數諸菩薩俱。來詣佛所。各現十種一切香摩尼眾妙樹雲。徧滿虛空而不散滅。復現十種蜜葉妙香莊嚴樹雲。復現十種化現一切無邊色相樹莊嚴樹雲。復現十種一切華周布莊嚴樹雲。復現十種一切寶燄圓滿光莊嚴樹雲。復現十種現一切栴檀香菩薩身莊嚴樹雲。復現十種現往昔道場處不思議莊嚴樹雲。復現十種眾寶衣服藏如日光明樹雲。復現十種普發一切悅意音聲樹雲。如是等世界海微塵數樹雲。悉徧虛空而不散滅。現是雲已。向佛作禮以為供養。即於北方。各化作摩尼燈蓮華藏師子之座。於其座上。結跏趺坐。

此華藏世界海東北方。次有世界海。名閻浮檀金玻璃色幢。彼世界種中。有國土名眾寶莊嚴。佛號一切法無畏燈。於彼如來大眾海中。有菩薩摩訶薩名最勝光明燈無盡功德藏。與世界海微塵數諸菩薩俱。來詣佛所。各現十種無邊色相寶蓮華藏師子座雲。徧滿虛空而不散滅。復現十種摩尼王光明藏師子座雲。復現十種一切莊嚴具種種校飾師子座雲。復現十種眾寶鬘燈燄藏師子座雲。復現十種普雨寶瓔珞師子座雲。復現十種一切香華寶瓔珞藏師子座雲。復現十種示現一切佛座莊嚴摩尼王藏師子座雲。復現十種戶牖階砌及諸瓔珞一切莊嚴師子座雲。復現十種一切摩尼樹寶枝莖藏師子座雲。復現十種寶香間飾日光明藏師子座雲。如是等世界海微塵數師子座雲。悉徧虛空而不散滅。現是雲已。向佛作禮以為供養。即於東北方。各化作寶蓮華摩尼光幢師子之座。於其座上。結跏趺坐。

此華藏世界海東南方。次有世界海名金莊嚴瑠璃光普照。彼世界種中。有國土名清淨香光明。佛號普喜深信王。於彼如來大眾海中。有菩薩摩訶薩名慧燈普明。與世界海微塵數諸菩薩俱。來詣佛所。各現十種一切如意王摩尼帳雲。徧滿虛空而不散滅。復現十種帝青寶一切華莊嚴帳雲。復現十種一切香摩尼帳雲。復現十種寶燄燈帳雲。復現十種示現佛神通說法摩尼王帳雲。復現十種現一切衣服莊嚴色像摩尼帳雲。復現十種一切寶華叢光明帳雲。復現十種寶網鈴鐸音帳雲。復現十種摩尼為臺蓮華為網帳雲。復現十種現一切不思議莊嚴具色像帳雲。如是等世界海微塵數眾寶帳雲。悉徧虛空而不散滅。現是雲已。向佛作禮以為供養。即於東南方。各化作寶蓮華藏師子之座。於其座上。結跏趺坐。

此華藏世界海西南方。次有世界海名日光徧照。彼世界種中。有國土名師子日光明。佛號普智光明音。於彼如來大眾海中。有菩薩摩訶薩名普華光燄髻。與世界海微塵數諸菩薩俱。來詣佛所。各現十種眾妙莊嚴寶蓋雲。徧滿虛空而不散滅。復現十種光明莊嚴華蓋雲。復現十種無邊色真珠藏蓋雲。復現十種出一切菩薩悲愍音摩尼王蓋雲。復現十種眾妙寶燄鬘蓋雲。復現十種妙寶嚴飾垂網鐸蓋雲。復現十種摩尼樹枝莊嚴蓋雲。復現十種日光普照摩尼王蓋雲。復現十種一切塗香燒香蓋雲。復現十種栴檀藏蓋雲。復現十種廣大佛境界普光明莊嚴蓋雲。如是等世界海微塵數眾寶蓋雲。悉徧虛空而不散滅。現是雲已。向佛作禮以為供養。即於西南方。各化作帝青寶光燄莊嚴藏師子之座。於其座上。結跏趺坐。

此華藏世界海西北方。次有世界海名寶光照耀。彼世界種中。有國土名眾香莊嚴。佛號無量功德海光明。於彼如來大眾海中。有菩薩摩訶薩名無盡光摩尼王。與世界海微塵數諸菩薩俱。來詣佛所。各現十種一切寶圓滿光雲。徧滿虛空而不散滅。復現十種一切寶燄圓滿光雲。復現十種一切妙華圓滿光雲。復現十種一切化佛圓滿光雲。復現十種十方佛土圓滿光雲。復現十種佛境界雷聲寶樹圓滿光雲。復現十種一切瑠璃寶摩尼王圓滿光雲。復現十種一念中現無邊眾生相圓滿光雲。復現十種演一切如來大願音圓滿光雲。復現十種演化一切眾生音摩尼王圓滿光雲。如是等世界海微塵數圓滿光雲。悉徧虛空而不散滅。現是雲已。向佛作禮以為供養。即於西北方。各化作無盡光明威德藏師子之座。於其座上。結跏趺坐。

此華藏世界海下方。次有世界海名蓮華香妙德藏。彼世界種中。有國土名寶師子光明照耀。佛號法界光明。於彼如來大眾海中。有菩薩摩訶薩名法界光燄慧。與世界海微塵數諸菩薩俱。來詣佛所。各現十種一切摩尼藏光明雲。徧滿虛空而不散滅。復現十種一切香光明雲。復現十種一切寶燄光明雲。復現十種出一切佛說法音光明雲。復現十種現一切佛土莊嚴光明雲。復現十種一切妙華樓閣光明雲。復現十種現一切劫中諸佛教化眾生事光明雲。復現十種一切無盡寶華蘂光明雲。復現十種一切莊嚴座光明雲。如是等世界海微塵數光明雲。悉徧虛空而不散滅。現是雲已。向佛作禮以為供養。即於下方。各化作寶燄燈蓮華藏師子之座。於其座上。結跏趺坐。

此華藏世界海上方。次有世界海名摩尼寶照耀莊嚴。彼世界種中。有國土名無相妙光明。佛號無礙功德光明王。於彼如來大眾海中。有菩薩摩訶薩名無礙力精進慧。與世界海微塵數諸菩薩俱。來詣佛所。各現十種無邊色相寶光燄雲。徧滿虛空而不散滅。復現十種摩尼寶網光燄雲。復現十種一切廣大佛土莊嚴光燄雲。復現十種一切妙香光燄雲。復現十種一切莊嚴光燄雲。復現十種諸佛變化光燄雲。復現十種眾妙樹華光燄雲。復現十種一切金剛光燄雲。復現十種說無邊菩薩行摩尼光燄雲。復現十種一切真珠燈光燄雲。如是等世界海微塵數光燄雲。悉徧虛空而不散滅。現是雲已。向佛作禮以為供養。即於上方。各化作演佛音聲光明蓮華藏師子之座。於其座上。結跏趺坐。如是等十億佛剎微塵數世界海中。有十億佛剎微塵數菩薩摩訶薩。一一各有世界海微塵數諸菩薩眾。前後圍繞。而來集會。是諸菩薩。一一各現世界海微塵數種種莊嚴諸供養雲。悉徧虛空而不散滅。現是雲已。向佛作禮以為供養。隨所來方。各化作種種寶莊嚴師子之座。於其座上。結跏趺坐。

這是總結。

不經過不知難。什麼意思？我在西藏跟我的師父傳承《甘珠爾》（按：藏傳《大藏經》的經部），這叫「傳攏」，什麼叫「傳攏」？就是師父給你念一遍，這個《大藏經》你有了「攏」（口傳），叫傳承。

中國祖師所行的，這間廟要傳法給一弟子，這個弟子就可以做這間廟的住持，沒有法卷的不能做這間廟的住持，這叫傳承。出家人都希望有位大德能給我個法卷，這叫繼承。佛在世的時候沒有，佛跟迦葉尊者的傳承，就是拈花微笑。

我的師父念《大藏經》，早晨天一亮，吃完早飯，大概六點半開始念，念到十二點下座吃午飯，略微休息一下，一點鐘開始，念到晚上七點鐘。就這麼嗡嗡嗡，他不是我們這個本子，而是「貝葉」，有兩百頁、三百頁，這麼長的，兩個侍者從那邊捧來擺上，念完了，這邊侍者拿走，那又拿來第二部。一天念十多個鐘頭，而且念的都是藏文的經。

我不知道我的師父念的如何，我實在坐的受不了。坐這麼十幾個鐘頭，我們在底下可以中斷，可以到外頭解解手，透透風，師父在座上不行的，如果沒有定力，絕對受不了。這個要不要氣力？他念得很快，兩手光翻貝葉經本，一百天，每天如是。我還勉強的坐了一百天，好多聽不懂，雖然聽不懂也得「攏」。

在華嚴法會裡頭，只要來參加就好，不管聽懂聽不懂。因此我就想起來，我當初受《甘珠攏》（甘珠爾），整整一百天。我們那個腿子一會雙腿，一會單腿。最初盤雙腿，延續兩個鐘頭，不行，完了變成單腿，也不行，想伸伸不開，一千多人一個挨一個擠的，腿子伸不開。怎麼辦？跪起來。跪跪完了又坐下了，坐下又不行。到三十多天了行了，又恢復原狀。但是聽不懂，假裝聽得懂，不能離開，離開就斷。

受了《攏》（甘珠爾）有什麼好處？你可以給人家講經說法，得了權了，授給你。在西藏，如果這部經沒有經過師傳的，你不能說也不能看，西藏非常注重這個。到西藏學法，你不得到這麼個「攏」，以後說法很困難，《大藏經》裡有好多你沒看過。但是他念的，我還是不懂。我問他們那懂藏文的念，他說懂也不行，聽不懂，快極了，像那個音樂的腳本，他不快不行，不快他得誦九個月。快的一百天，我現在知道，我念好長時間不大，我感覺著，氣也不足、眼睛也念花了，字也看不著，事非經過不知難。

這只是念經文，沒有解釋。十方一切諸佛，類似這種的文字、這種的傳承，在《華嚴經》還有，不作解釋的。清涼國師、李通玄長者沒有做任何的解釋，總的給你說分一科，總數是像大海一樣的，說十佛剎微塵數。還不說十佛剎微塵數，只是把我們法堂這個地抹成微塵，誰能數得過來？一個微塵可是一佛剎，十億佛剎微塵數。

但是你把它收攏來，別放開，收攏來是好大？一念剎塵心，剎塵數心裡一念可數知，這叫華藏世界海的周圍上下左右東西南北。這個菩提場能容納好多？不但印度容不下，我們這個小世界南閻浮提能容下這麼多菩薩？一個座好高？大概是三千由旬，一由旬是四十華里，三千由旬拿四十乘，有好多？每個菩薩的寶座都這麼大，這叫不可思議的不可思議。這得用什麼境界？學華嚴必須把心放開，小心眼的，連普壽寺都放不開，更不用說太原、河北、天津、北京，乃至於中國。

看看這個境界是什麼境界？你要知道你那個小房間，乃至於普壽寺還不夠一微塵，一微塵一佛剎比這好大，連微塵都等不上。心量大一點，不讀《華嚴經》不知道佛富貴，你不知道這個心要放好大？大到什麼程度？你要有這個心量，人我是非，四五百人、四五十萬人，在你的心裡就不一樣。

讀了《華嚴經》，你聽一遍，就知道他是什麼心量。我們同學之間，乃至對普壽寺之間，心裡還是你擠我、我擠你，好像擠的很緊，沒有了。應作如是觀想，把心放開，就知道了。

如是坐已。其諸菩薩身毛孔中。一一各現十世界海微塵數一切寶種種色光明。一一光中。悉現十世界海微塵數諸菩薩。皆坐蓮華藏師子之座。

十方來的諸大菩薩，本身就有十佛剎微塵數那麼多。還有些眷屬菩薩，每一菩薩都有眷屬菩薩，也是以十佛剎來形容。無論主或者伴，主就是一個菩薩，伴是圍繞這個菩薩的，一切圍繞他的伴菩薩，這些菩薩的一一身，身上都有汗毛，一一汗毛孔，留下了十佛剎微塵數，寶種種色光明。

在這一一光中，悉現十佛剎微塵數諸菩薩，皆坐蓮華藏師子之座。菩薩的毛孔光，一一的光，現十世界海微塵數一切寶種種色光明。在這個光明當中，又現十世界海微塵數諸菩薩。每一菩薩都坐蓮華藏師子之座，重重無盡。《華嚴經》講重重無盡，就這個菩薩，先不說放光，菩薩也是不可知數，每一微塵現了那麼多的菩薩，那麼多的菩薩身上的毛孔光，又現那麼多十世界海微塵數的微塵，一微塵都有種種色光明，一一光中悉現十世界海微塵數諸菩薩。

以你的思量怎麼來看？信嗎？這就是自在受用，每個菩薩都有這種受用，都圍繞佛。那說明這個世界的依報，每一個微塵，塵塵都親近佛。菩薩是饒益有情，來利益眾生。另外，這個諸菩薩毛孔現光，光中又現菩薩，菩薩入微塵，微塵又含佛剎，每一剎又有如來。

有佛的地方，這些菩薩都去供養，助佛揚化，都要去利益眾生。以上的這些菩薩都能入一切法界諸安立海，一切的法界都有安立的這些世界，每一世界都是微塵所合成的，所有的微塵就是無窮無盡，叫塵塵無盡。每一微塵就是一個佛剎，一個佛剎裡頭，又有依報正報，又有佛，又有大菩薩。都是眞的，一一皆是眞實的，約我們眾生心來說，就是你所緣境，心所緣境。現在我們是識所緣境，這叫法界，就是生起義，能生起諸法。一切諸法就是相，種種安立，都有覺性，同一覺性。凡是有情都叫如來，這些菩薩證入眾生的性海，眾生本具足的如來種性，跟佛無二無別，眾生的性海、佛的德海跟菩薩化度眾生海，一一微塵含攝。

此諸菩薩。悉能徧入一切法界諸安立海所有微塵。彼一一塵中。皆有十佛世界微塵數諸廣大剎。一一剎中。皆有三世諸佛世尊。此諸菩薩。悉能徧往親近供養。

三世過去現在未來，在一微塵中顯示過去現在未來。這些菩薩徧往一切微塵中的所有的諸佛佛剎，供養諸佛。

於念念中。以夢自在。示現法門。開悟世界海微塵數眾生。念念中。以示現一切諸天歿生法門。開悟世界海微塵數眾生。念念中。以說一切菩薩行法門。開悟世界海微塵數眾生。念念中。以普震動一切剎歎佛功德神變法門。開悟世界海微塵數眾生。念念中。以嚴淨一切佛國土顯示一切大願海法門。開悟世界海微塵數眾生。念念中。以普攝一切眾生言詞佛音聲法門。開悟世界海微塵數眾生。念念中。以能雨一切佛法雲法門。開悟世界海微塵數眾生。念念中。以光明普照十方國土周徧法界示現神變法門。開悟世界海微塵數眾生。念念中。以普現佛身充徧法界一切如來解脫力法門。開悟世界海微塵數眾生。念念中。以普賢菩薩建立一切眾會道場海法門。開悟世界海微塵數眾生。

如是普徧一切法界。隨眾生心悉令開悟。念念中。一一國土各令如須彌山微塵數眾生墮惡道者永離其苦。各令如須彌山微塵數眾生住邪定者入正定聚。各令如須彌山微塵數眾生隨其所樂生於天上。各令如須彌山微塵數眾生安住聲聞辟支佛地。各令如須彌山微塵數眾生事善知識具眾福行。各令如須彌山微塵數眾生發於無上菩提之心。各令如須彌山微塵數眾生趣於菩薩不退轉地。各令如須彌山微塵數眾生得淨智眼見於如來所見一切諸平等法。各令如須彌山微塵數眾生安住諸力諸願海中。以無盡智而為方便淨諸佛國。各令如須彌山微塵數眾生皆得安住毗盧遮那廣大願海。生如來家。

這是念念所成的利益。一個是圓通的解釋，一個是各別的解釋，有的時候說諸菩薩教化眾生有十種利益，一個法門得一個利益。

以下說十個法門，依次序解釋的。以夢自在門，夢中警覺造惡眾生，在夢中給眾生實現，令眾生夢覺；夢中覺醒了，令得斷惡免苦，不造惡業，苦難就不來了。又讓他發菩提心，行菩薩道，菩薩修行的法門，令他入正定聚。以現諸天，給他示現諸天，天人生滅滅生，令他在天上受快樂，生天受樂。如果放逸，那就死了，念頭一轉，正念現前又生了，生得人天乘。有時候使剎海動蕩不安，生滅無常，令一切眾生生厭倦。以佛的神變，現佛的神變，令他希求，能得到了生死，那是二乘利益，嚴剎大願莊嚴淨佛國土，令他修福，心嚮往之。

或者以攝受眾生的言語，攝受的意思是不說粗糙語、不說恐怖語言，讓他歡喜，像講極樂世界，極樂世界都是安樂的，沒有恐怖的現相，令他嚮往，以攝生的言詞，以愛語攝護眾生，用慈心令他發大心，用佛的音聲，跟他講同體大悲。這樣跟他說，以佛雲雨法，令眾生入菩薩不退位。這是指的十住十行十回向，三賢位菩薩，所利益眾生的事業。以照徧滿法界土及神變，滿法界的莊嚴國土，這叫正報的神變，令他能入佛的境界，得見法性。

這是初地以上的菩薩，能夠見平等法，因爲他證得法性理體。以佛普現徧法界的解脫力，令八地以上的菩薩，大力清淨佛國土，以普賢建道場，令住佛果的大願海，生如來家，入佛的果位故生。十地以上的菩薩，不是初地的菩薩生佛家，這是就次第來說的。

如果以圓通來解釋，一一徧通，佛講一法當中得十種利益，或者是以十法成就一法的利益，一一通達無礙。各別說前十法門，說開悟世界海微塵數眾生，以這個法令眾生得前十種利益。後十種法的利益，把須彌山抹成微塵數，有這麼些剎塵的國家，以自己的身示現，給一切眾生作利益。

這叫什麼？夢自在門。顯示這一切法，一一切所起的諸相，或者時間很長，多少劫，或者時間很短，一念都無障礙。這些菩薩教化眾生的方法，多種多樣的，最初是從放光，最終因光得到利益。

以下分層次，講了十二種。「其十須彌塵數眾生得益，方在一國。」這一個國家如是，其他一切佛土都如是，一國如是。另其餘的一切國，「等」者就是平等的意思都如是，這一個佛國土得利益了，在一念中，「餘一切念時皆爾」，念念如是。一念利益眾生，念念利益眾生，都利益一切眾生，如是者念念的利益，就是一法門所開悟的，一法門開悟，一一法門都如是。很多的法門，完了又收回到一念；一念又開闊，念念都如是，一切法門都如是。一多無礙，許多的法門成了一個佛剎。

無量的佛剎有十微塵數的佛剎，念念相應。或者多剎，或者廣剎，或者一剎，或者一微塵，一切安立諸塵語言，這叫圓通的事。說以上這個微塵，微塵又變成佛國土，一一佛國土是建立在安立海中，徧法界中無窮無盡的安立海，徧法界的安立海，他所有起的用，用就是他的業，菩薩利生的大業，這才說了一個菩薩所化的，一個菩薩所化的境如是，那麼十世界微塵海所有的化菩薩，一一都如是。

前面所有的放光，一光所現，一個光所現的境界相，那麼一切光，光光皆然，每一光都如是。哪有十剎塵數的光明，一一光就像一個光就像一個汗毛，一一光毛孔現，這些光在一個毛孔裡現：一一毛孔徧一切毛孔，一一毛孔都如是現，徧彼身的毛孔，這只是一個菩薩的毛孔。入於菩薩是十佛刹微塵數，各世界海微塵數的菩薩，每個菩薩都具足無量無窮的，毛孔皆爾。

數字這樣重複，無窮無盡了。前面所說的十一種作用，現在都來到華嚴法會，在一個法會如是，毗盧遮那佛的七處九會，處處法會都如是重重無盡。上來重疊的十二重，這就是一念，一切念回歸還是一念，這樣重重疊疊、無窮無盡。這是什麼？如來的大智、圓滿智的頓觀，能觀到這些境界，不是我們那個心，不是那個識的境界，這叫華嚴海會的大用。

這個境界大家怎麼樣理解？說說淺顯的。眼前的境界相，你近觀察，這個境界相你不熟悉，不但眼根沒看見過，你的意識心從來沒有這種種子，沒有這種種子又怎麼能發起現行？你可以多讀《華嚴經》，一遍不行，一百遍不行，讀一千遍，或者一萬遍。一年三百六十天，十年三千六百天，一百年才三萬六千天，等你讀到一定的時候，你收回你的心念，改變你的認知，現在認識的所知道的，把他改觀一下。

還有，我們盡看眼皮底下，眼皮底下也看不了很多。按自己所經過的環境，所走過的城市，所走過的鄉村，所看見的山，所看見的水。因爲你看見少了，好多山的相形像人，或者像龍，或者像虎。你白天看了不同，晚上看了又不同。特別是到溫州雁蕩山，雁蕩山裡頭在夜間，人靜了，那個山形就不是白天看見的，是眼睛看錯了嗎？沒有，還是那個山，眼睛沒看錯。就像你做夢，從夢中顯現的，相似的，是夢境，是夢益，是夢中得的利益。菩薩化度眾生是以夢自在，在夢中很自在，拿這做例子來說。

學《華嚴經》的時候，第一個是讓你改變觀念，改變你的認知，你所認識的、所知道的、所承認的是錯誤的。你所知道的是渺小的，是很小很小的。就說夢，是幻化境界世間相，你說是假的，他的想像很實在，你說是眞實的，根本就是假的，誰都懂得這個道理。語言當中變成很多事實，我們改變什麼？貪瞋癡，這些東西給障住了，把你的認知都障住了，隨著世間相的變化，好多是謠言，謠言不是事實，謠言確實是事實。

作夢不是事實，但是他作夢就是事實。但是這個事實變了，事實還是在作夢。這個問題就複雜了，事實還在作夢，夢中又有些事實。例如現在諸位是作夢嗎？還是事實？是事實。出家修道、聞法、住佛學院、乃至到普壽寺住，這是事實；若有人說你是在作夢，你信嗎？根本你不會信的，清清楚楚的，怎麼是作夢！但事實上是作夢，不但這輩子是在作夢，生生世世都是在作夢，這個認知怎麼能改觀的？得說故事。

大概是在一九四五年的故事，並不是現在的事。北京東直門的一個城牆倒下來，垮了一部分，裡頭有幢石碑，石碑大概有四句話，現在只記住兩句話，「日沒蘆溝橋上柳，送人幾度出京華」。在北京往西郊區，有個地名叫蘆溝橋，「日沒蘆溝橋上柳」，太陽一到蘆溝橋就沒了，太陽怎麼在那兒沒？「送人幾度出京華」，送人走，離開北京。過去在北京做官的，無論明朝也好、清朝也好，北京的京官，放到外地去做官，他這一天忙的不得了，等上了車了要走的時候，親友就送他，送到蘆溝橋這個地方，離北京大概三四十華里。一送到這地方，走的起身又晚，一走到蘆溝橋，太陽就沒坡了。

這本來是個故事，事實變成什麼？謠言出來了，說日本快離開了。牆上垮出碑來，是劉伯溫的預言，其實碑上也沒有劉伯溫的字樣，劉伯溫是明朝的軍師，說是他的預言，事實上不知道怎麼回事。反正這個牆上出這幢碑，有一首詩，說日本快走了，別看他好強大，快走了，八月就離開了。

大家都知道一九四五年打仗勝利，日本人離開了，這是一個謠言，這個事情沒有了，「日沒蘆溝橋上柳」，這句話好像就沒有人說了。

日本人還沒進北京的時候，北京的京西不像現在，那時候北京的空地很多，二十七萬戶人口。北京西郊，你從西直門到頤和園都是稻田。有人引進日本稻種，來在這兒種，這一種，不到九十天就結了稻子了。以前稻種，需要一百幾十天，差不多加一倍時間，引進這個稻種很快，本來是這麼一句話，「日本稻快極了！」結果這個謠言吼的沒好久，日本眞的就佔領北京了。到了一九四五年，就是「日沒蘆溝橋上柳」，日本就沒在蘆溝橋上的。爲什麼？七七事變，就在蘆溝橋打起的。因爲，一個日本兵在蘆溝橋失蹤，其實是日本人自己害死的，賴到中國人，日本人就借這個進駐北京，這是「日本稻快極了！」等他走，「日沒蘆溝橋上柳」，又說日本人因爲蘆溝橋事變才亡的，後來就把他打出去了。

這本是謠言，謠言變成事實，這是人間的事。我就經常用佛法來想，這個謠言本來跟這個事完全沒關係，他就出現這種事實。那是一九三九年，在北京、天津，人們經常說，誰跟誰要是有點意見，就說：「我跟你泡了，泡了沒完沒了。」我跟你打官司也好，打架也好，我跟你就一直幹下去，就是這麼個涵義。爲什麼叫「泡了」？「我跟你泡了」，只有京津兩地有這種話，別的地方沒有，外人去了不理解什麼是「泡了」？結果是什麼泡了？水泡了。

一九三九年天津跟北京發大水，泡了三個月。我們這裡有好多天津人，他們不知道了。那發水了，那時他們互相打架、罵，說你小子水火既濟。你要死到水火既濟。底下水泡了，上頭火燒了，把你燒死。這話誰相信？發大水怎麼還失火？水火是不相容的。天津就是發大水失火，那水泡才泡到二樓，三樓以上還可以躲避，那有些人坐船，天津市裡行船，在船上不會泡死，坐在船上不會泡死。

那年我正在天津一個小山上，有一位居士請我去講經，他住的地方是在土山上，看市裡看的很清楚。他的院子又有井，也不曉得是不是有什麼預知性，他的米麵存備很多，沒什麼菜蔬，有米麵，餓不死就行了，可以看到底下，失火泡。那個大水、泡了沒得水吃，水火既濟，就是這個涵義。

發大水，沒的水吃，舀那個水吃也吃不成的。這火是怎麼發生的？那時候的日本司令叫梅谷孝永，他的兵營本來沒事的。從海裡漂來的烏龜，那日本兵就嚇壞了，拿炮打。這一打糟糕了，烏龜就對著梅谷孝永兵營撞，大烏龜就把兵營周圍的牆撞塌了，塌了裡頭存著好多汽油，大水那個汽油桶子在那上叮叮咚咚一撞，全撞破了，水上是汽油。

這時逃難的坐船人，煙癮發作了，要燒紙煙，這一燒紙煙，一劃火，不得了，那水上就失大火，沒法救，水上失火，這叫水火既濟。火幫助水，水又幫助火，可不是坐鍋煮飯，水火既濟，再加個鍋，這叫泡了。

等這場災難過了，北京永定河，那個水圍北京圍了三個多月，出不去城也進不去城，這叫泡了，泡了三個多月。等水下去了，「我跟你泡了」這句話也沒有了，沒誰再說了，這是很怪的事。哪來的這些話？他又怎麼樣消失的？誰也找不出個根，誰說的，最初的開始也找不出來，這消失了是怎麼消失的，來無蹤去無影，用我們佛教話，不可思議。

謠言都是預感，事先就警告你，誰說的？鬼神說的。他預見到，能不能把它免除？免除的力量得要大了，我們現在所講的這個不可思議的力量能免除，誰信？

能有這個認知嗎？沒有這個認識，你不知道這個事情如何。等你有這個認識，才知道。如果我們依著佛經去想，一微塵變成一佛剎，一佛剎裡頭又有無窮無盡的微塵，每個微塵又變成一佛剎，一微塵一佛剎一微塵一佛剎，無窮無盡的，怎麼解釋？自心的變化，不要向外去求，外頭求求不到的，得不到的，回來觀自心。

你怎麼樣觀想？說你沒到過美國，沒到過加拿大，沒到過奧克蘭，沒到過歐洲，沒到這些國家，你看地圖也好，聽別人講也好，總是模糊的，因爲你沒去過。我們講西藏、講拉薩，或者講三大寺，講了半天，你還是不大清楚。等你自己到了、看了，這叫認知。

我們經常說的話，耳聽爲虛，眼見爲實。這是世俗間的認知，這不是眞正的認知。我們現在學佛的人知道，眼見的也不是實在的，耳朵聽的是假的。我們心裡想的也不是事實，他會變的。你用這個世間上的事來觀想，再來看我們現在今天念的經文，你就能認知了，也就是你的念頭轉移。

爲什麼一開始講《華嚴經》的時候，一而再、再而三的囑託我們的道友，要信。除了信自己的性跟佛無二無別，相信佛所說的話是眞實的。不管你認得到，或者你領會得到，領會不到，你建立這麼一個信心，佛說法都是眞實不虛的。

我們的障礙就是識業，自己作的業障礙了。如果你觀雲彩，這雲彩非常厚，一層一層一層的雲彩，你數的清嗎？雲彩是有是無？你看的是眞的，雲彩。其實是假的，水蒸氣而已。

一切事物一樣的。你要能這樣認識，再來認識《華嚴經》的境界。不然你沒辦法理解、沒辦法進入，沒辦法投入。我們的貪心有好重？像諸位道友學了佛，都知道布施，六度中的布施度，都能捨得了，沒有什麼貪心，不要太慳貪了，不要太吝嗇了。

有些人很吝嗇，特別看過去的土老財，窮的發了財了，不但對外人刻薄，他對自己都非常的刻薄，穿的破破爛爛。怎麼叫土老財？說鄉下趁了十幾畝地，坐他那炕頭上，燒的熱熱呼呼的，說我們東北的話，他所認得的，只認得他的老婆，再認他的兒子，剩下的他都不認識了。

這種土老財的捨不得，有很多變化的，或者說起來大家也不相信。我在四川聽到那些笑話，我聽見了不當笑話聽，就是有這些人，有這些事。

說到貪心重，兩個兒女的親家，大家去趕場，他們一定到小酒館，一人喝上一杯酒，拿個小酒壺，他倆要一盤花生米，四川花生米很普遍、很簡單，也值不到幾個錢。但是，他可不像我們吃花生米，一顆吃不行，一顆花生米掰兩半，兩半之後，再把掰成兩半，一顆花生米是四瓣，這倆個親家，這一盤花生米不曉得要吃到好久。喝酒呢？拿舌頭舔一舔，不是喝了，舔一舔也算喝了。

他的鄰居來就跟他倆說：「你們這老吝嗇鬼，你看看你們的少爺在對面，那酒席擺了好幾桌在吃！」他倆不相信，跑過去一看，果不其然，他兒子在那請客，酒席滿桌。兩人氣的回來，把桌子一拍，「親家，一顆一顆接吃！」這是發大心了，吃花生米，一顆一顆吃，不掰成瓣了。

有這個事嗎？天地之大無奇不有，確有其事，也確有其人。我們用這種觀點，看衆生的貪心、看衆生的瞋心、看衆生的懷疑心，貪瞋癡慢疑，看衆生的慢心。大家過去認爲這個慢，可能就是我慢貢高，慢可包括太多了。卑劣慢，明明他很卑劣的，他把他認爲自己了不起，比人家還高尙，卑劣慢。被人家打了，怎麼辦？兒子打老子，他這麼一想，想通了，不煩惱了，反正那是我兒子打我，算了。

拿這些怪思惟跟《華嚴經》的思惟，互相對照一下。貪瞋癡慢疑、身邊戒見邪，拿十使煩惱來對照一下，對照什麼？對照我們今天念這段經文，這叫聖境，最殊勝的聖人的境界。我們不用說是諸佛菩薩的毛孔，你現在把你手把你這個胳膊擼開，看看你的汗毛，該知道嗎？不知道，誰也不知道，自己多少汗毛。哪位菩薩知道我現在多少汗毛，我這每個汗毛都在放光，相信嗎？你放的什麼光？貪光、瞋光、癡光，也放光，對著菩薩度衆生那些光，光光相攝，他那個光攝到我們的光了，就把我們的煩惱給斷了，攝不到的，沒有緣。

這上面有二十四種念頭，一一念，都含著兩種道理，這兩種道理重重疊疊，毛孔無盡，光無盡，念念無盡，把他收攝回來，就是一念。你靜坐下來觀觀你的念頭，觀你有好多念，菩薩就有好多光明。幹什麼？對治你這些念頭，你這些念都是妄，沒有智慧的，菩薩的光明就是說菩薩的智慧，衆生有種種的貪求妄念，衆生的煩惱有數嗎？

形容衆生的煩惱，像汗毛那麼多，菩薩用種種的智慧，對治你那煩惱的，你要這樣理解，不要鑽牛角尖，不要鑽菩薩那多光明，那多汗毛，那麼多光明，你鑽不進去，你越鑽越糊塗了。

你回來鑽自己，鑽自己怎麼樣理解？理解你那煩惱怎麼來的，用佛跟那大菩薩教授我們的方法，我們怎麼樣去把他斷，其實也不是斷，就把他變成菩提，煩惱即菩提，轉一下子而已，把煩惱轉成了就是智慧，這樣子煩惱即菩提，生死即涅槃，生死是生滅法，涅槃是不生滅法，兩個是相對的。沒有生死，也沒有不生死，生死即是不生死，不生死即是生死，菩薩的無量智慧度衆生，是因爲衆生有無窮無盡的煩惱，等煩惱沒有了，智慧也沒有了，他沒有作用了。現在我們煩惱特多，需要諸佛的光明智慧。

爾時諸菩薩光明中。同時發聲。說此頌言。

諸光明中出妙音　普徧十方一切國
演說佛子諸功德　能入菩提之妙道

這些大菩薩同時發出音聲，什麼音聲？在這光明之中，出來一種微妙的音。光發出聲，聲裡頭就告訴我們怎麼樣去做。做了就能夠有功德，做了你就能進入菩提的妙道。爲什麼加個「妙道」？說菩提道是對衆生道說的，沒有衆生道也沒有菩提道，《金剛經》說佛得阿耨多羅三藐三菩提，根本就沒有什麼叫阿耨多羅三藐三菩提，就是這個涵義。

但是又有個菩提道，又沒有個菩提道，是有倒是沒有？因爲你走的生死道，就有個菩提道對著，讓你走菩提道。生死道沒有了，菩提道也沒有了，所以叫妙道。這個道是不可思議的，就是這些大菩薩光明之中發出音聲，音聲是什麼？同是一個頌言，光中所出的音聲，一音。所說的道是妙道，妙音對妙道。衆生是什麼？衆生也有妙，什麼妙？妙生死道，生死道也很微妙的，很微妙的，怎麼進入生死道？我想這個大家都懂，怎麼進入菩提道的妙道？這個我們不懂了，不懂了你就把生死道變一下，一變就是妙道。變脫不了，還在生死道。我不要變妙道了，也不要變生死道，根本沒有道。道即非道，不要走也不要修，無修無證，原來就沒有，這就妙了。原來沒有，現在我們可在道中，在什麼道中？在生死道中。

以前我們知識當中所含著的，所認知的，我們所認知的都是煩惱，學了佛了，才知道這些認知是錯誤的，想把錯誤的扭轉，需要你的想、觀，觀到入正定，正定能產生智慧，這個智慧就是正知，正知認識到所有世間法不管善也好、惡也好，都把他放下，全都是假的，就是看破了。心不貪戀、意不顚倒，看破了，你就不再執著了，沒有貪求、沒有希望，就無得了。無得了也不求證個什麼，無得無證，看破放下了，這個你就能夠修的跟觀世音菩薩平等，就自在了。

這就是讀《心經》的時候，以般若智慧觀自在。你好好修觀照，這叫觀照般若。這得有智慧，觀照是要有智慧。從觀照般若，觀久了，眞正進入般若，那就是眞正變成智慧，觀照就是契入，眞正契入般若。我們從語言文字聽解說，這叫文字般若。從觀照而進入達到究竟般若，眞正的是般若波羅蜜，那才能到彼岸。

說這樣子你才認識到，這些大菩薩在光明之中所發的聲。爲什麼相同？光明之中所出的妙音徧一切處，這種光明的妙音也徧一切時。徧一切處，徧一切時。什麼時間這妙音都在發，什麼時間這種妙音都存在的。妙音裡頭說明什麼？說明一切功德相。利益衆生盡說無相的不行，必須從有相達到無相。不從文字、不從言說的般若，你進入不了觀照般若，沒有觀照，你怎麼能達到究竟？這樣才契入菩提妙道。

劫海修行無厭倦　令苦衆生得解脫
心無下劣及勞疲　佛子善入斯方便
盡諸劫海修方便　無量無邊無有餘
一切法門無不入　而恆說彼性寂滅

三世諸佛所有願　一切修治悉令盡
即以利益諸眾生　而為自行清淨業

這個偈頌說度衆生而不疲厭，爲什麼度衆生不疲厭？終日度衆生不見衆生相。菩薩度衆生不是執著的，若是一著衆生相就有我人衆生受者，如果不執衆生相就沒有我人，沒有我人衆生受者。過去現在未來諸佛所有的修爲就是利益衆生，而他自己行業清淨了。

以前我個人在這方面的思惟是錯誤的，總認爲利益衆生，或者幫助衆生，不是修行；以爲修行就是念經、持誦、禮拜、懺悔，讀經、拜懺、修觀、靜坐、修禪定，這樣才是對的。如果是一天奔波勞碌，修廟、安僧、攝衆，這是空間。但是讀大乘經典讀久，那些菩薩並沒有講他怎麼修，講的都是大慈大悲，怎麼去度衆生，只是幫助別人，勸別人怎麼修怎麼修，沒有說自己怎麼修，這是一種。

說等自己修道成就了，再去度衆生，現在我有什麼力量來度衆生？這種想法，我以前認爲絕對是對的，現在我看也不對。怎麼不對？等你修成佛，不度衆生能成佛嗎？沒有一個菩薩，不是因度衆生的功德而成佛的。若是度衆生跟修行兩者分開，那度衆生也不是度衆生，修行也不是修行。度衆生本身就是行大慈大悲。

大慈大悲又怎麼理解？行菩薩道不行大慈大悲，那有什麼菩薩道可成？這兩個得善於運用。好像給別人講《華嚴經》，其實是給自己講。讀誦大乘，好像自己讀誦大乘，跟別人沒有關係。不對，讀誦大乘就是給人家回向的，求一切衆生免難，讀誦大乘經典讓他們得幸福，這也是在度衆生。

度衆生不是有另外有一個什麼叫度衆生，就是拜懺也好、念經也好，念一句阿彌陀佛也好都是度衆生，度衆生跟你的修行不要分成兩個，就是一個，要這樣理解。這是過去現在未來諸佛，他們所發願都如是。在修自，自己修行自己的煩惱時候，也是令衆生修行、令衆生制止煩惱的時候。三世諸佛所有的願就是一個，利益衆生，不管說是千百萬億，總說起來就是利益衆生。利益衆生就是自度，在你利益衆生時候本身就是度衆生，度衆生就是行菩薩道，就能成佛。

「自行清淨業」，自己的清淨業就如是。這就是菩薩的體相用都自在，體相用，用大悲大智來相導，度衆生而不疲，不疲勞不疲厭，不生疲厭的心，爲什麼？有智慧指導，以智導。若有智慧沒有悲心，疲厭生死，那容易趣向於寂定，趣向於寂，這叫下劣。因爲令衆生脫離苦海，心裡頭沒有下劣的思想，那就得靠大悲來導引，悲爲能度。因此悲爲能度，智無疲倦，智慧自然就沒有疲倦了，悲智必須雙運。

學教義的時候，不論四教五教，都要悲智雙運，悲是有，智是空，空有雙觀，說單觀空把有丟掉不行，要空有雙觀。這就是雖然利益衆生而常寂，利益衆生是動，動而常寂是智，這個智是在定中產生的智。這裡頭沒有分量，沒有多少，沒有這個可言，誰能把空稱一稱，是半斤嗎？是八兩？空嗎？沒有！悲智也如是，悲智也如是。

我們前面講的重重無盡，重重無盡理解到了，你再說多少重重無盡，基本如是，就是智悲雙運。由觀一切法，「有」才能夠入一切法門。因爲觀空，寂滅才現前，既不落於空也不落於有，這叫止觀雙運。在幫助別人化他的時候，化度衆生的時候，你自己也清淨了。

東北沒有煤炭可以燒，不像山西盡燒煤炭，我們到東北，打了黃豆的梗梗，燒那黃豆梗梗，燒那包穀杆杆，高梁杆杆，拿那個做柴燒，燒多了，你得拿個棒子，叫燒火棍，拿棍子挑，火要空才能著。堆實了，你緊著燒，不會燒火的，緊著往裡添，光冒煙沒起火苗，飯煮不熟的，得拿個挑火棍在那挑。

我想度衆生就像那挑火棍，挑那柴火都能燒了，柴火都燒完了，燒火棍也快燒光了，在那緊著挑，在這緊著挑，把自己也燒了。學佛法，腦袋瓜要靈活，想要開智慧，一切事物都可以拿來做比喻。假使枯躁的，光念文字，人家不好懂，不好進入，講講跟那相適合的比喻。我就那麼想，柴火就比喻衆生，拿那燒火棍就比喻大悲心，讓它都燒了，把它燒盡，飯煮熟了，讓人家吃飽，慈悲喜捨都具足了。

好多的事物，你可從那極淺處的，不要在那深處的文字道理上鑽，你鑽不通的，越鑽越糊塗，一想就是這麼回事。

我在美國萬佛城，本來天哪也不太冷，他們給我堆了好幾屋子的木柴，每個樓房裡都有個火爐，美國火爐不像國內火爐，他們蓋房子一定蓋個大爐子，上頭煙囪沖上頭去了，火爐非常的淺，蓋的非常好美觀，木柴又多。

我就一天的在那裡燒火，把那木柴架上瞅著那火。宣化法師是萬佛城的老當家，他就問我：「你對這柴火生氣？是不是嫌給你堆多了？」我說：「沒有。」他又問：「天不冷，你爲什麼一燒火？」我說：「我修觀！」人家聽了笑了，「燒火修什麼觀？」「這觀可妙，你要聽嗎？」他答說：「我聽聽。」我說：「我們這煩惱不用智慧火燒不斷的，用智慧火燒它。我看你這木柴堆的，這是煩惱，你不燒它幹什麼，我就往裡頭燒！」這是一個。

我看那個火燄，有時它發藍光，有時發白光，有時光冒煙不著。他又問說：「你講光冒煙不著是怎麼回事？」說煩惱嗎？泡的太久了，那木柴濕了，燒了它滋滋叫，往外流水，它就是不起火苗。我說：「我們給人家講，我們自己也在修，就是不起作用。我們不說煩惱水，業障水，情屬於水，愛哭的人情感重，愛流眼淚的人，把它燒乾！拿什麼燒？拿智慧火，我說你看到我是燒木柴，我是燒智慧火。」

因此你自己要取境觀照。你看我們那兩個徒弟修那個路，那天我跟他們說：「你們知道你們這是行菩薩道嗎？」「這叫行菩薩道？」我說：「那你幹什麼？」

他們答說：「修路就是修路，種花就是種花，什麼行菩薩道！」你幹什麼，看你怎麼樣用心，那個事情無所謂的，看你怎麼樣用心。你把那現前境界變了，種花不是種花，華是因，修因，修什麼因？成佛的因。

《華嚴經》，華是因華，我們要結成果德嗎？就是剛才我們講的菩提道，就是妙道。你看我們那是修的臺階，我們那是妙道，到這兒來，走的是菩提道，利益眾生道。你的心變了，那個境界從無所謂的變成功德，變成智慧。你的腦袋瓜得靈活一點，讓他時時的念三寶，時時的跟菩提道結合，這就是華嚴義。你吃飯穿衣服，甚至上廁所，一舉一動都是因。

因結什麼果？貪瞋癡就結的地獄餓鬼畜生。我們講的是大悲大智，結的什麼果？成佛，結的佛果。將來我們到十一品〈淨行品〉，講「善用其心」，看你怎麼用心？現在這個經文，你不理解沒關係，不理解這種境界沒關係，聽聽而已。多讀，多觀想，多思惟，對境生心。對外邊一切境界相一定要生心，看你這個心怎麼生的。

假使說我在萬佛城，度輪法師（按：宣化上人）要讓我當火頭僧，在這兒燒火，那我就煩惱了。讓我燒火，我就會煩惱了，不許幹別的，就在這兒燒火，你說我煩惱不煩惱？但是如果是我自己要燒火，我願意燒，不但不煩惱，還是快樂的，問題就在這兒，「失之毫釐，差以千里」，一樣的事，看你怎麼用心？

古來的祖師說，「終日吃飯，未曾吃一粒米」，那他吃什麼？看著他都吃到肚子裡去了，還說他一粒米都沒吃到！吃飯不在吃飯上，他念道去了。我們在這兒誦經、聽經、拜佛，看著你是在那兒拜佛，心裡頭想到貪瞋癡，或者想到外邊，拜拜想到家了，給媽媽、爸爸培點福，給他們拜拜消消災，這還算是好心。但是這跟拜的目的不相應。

若是再想別的，說求福，在家兩眾，消消災，讓他吉祥如意，升官發財，這才叫南轅北轍。道在北邊，他的車子向南邊開，開到山上翻下來了，走不通的。因此要「善用其心」。

經文的文字深了，你往淺處去理解，凡是所說的都是表現是事，事上你不懂，可以從理上觀。

理能成事嗎？事能顯理嗎？《華嚴經》就給你標出來，理法界、事法界、理事無礙法界、事事無礙法界，達到事事無礙法界。這些大菩薩行的是事事無礙法界，我們連理法界還不清楚，理不能成事，事能顯理，理不能無礙。說吃飯就是吃飯，腦殼痛了，你就是腦殼痛，不能轉移。什麼叫轉移？目標轉移，你別盡想到腦殼痛，你可以轉到木頭上去，轉到桌子上去，在道家說叫五行大搬運，可以把這個轉到石頭上去。

但是我們和尚可以把痛轉到消災上。煩惱這麼重，痛痛就好了，那痛就斷了。

這要會觀想，如果你哪兒痛，一直想到那兒痛，越想越痛。或哪個地方長個瘡，痛的很厲害，你一想！心火都往那兒聚，越痛的厲害，紅腫高大，越腫越厲害，這叫轉移目標。煩惱很重，讀佛經就讓你轉移，把它轉成智慧。怎麼轉？今天人家罵我，這是很煩惱，要報復或者打架。假使不，回來自己靜坐想，爲什麼他罵我？爲什麼？我沒惹他，他無理取鬧。我給他來個不辯不諍不計較，看破放下，隨他自己，讓他去煩惱，讓他去冒火，我這邊沒事。

過去東北話叫抬槓，一個槓子，兩人越抬越厲害，我放下了根本不管，不跟你抬了，你自己去抬。他就撬了，他不叫抬，他拿那槓子去撬了，撬不起來的，沒事了。「善用其心」，就是這樣用；越深的法門，鑽不進去，你不要煩惱，想你生活上的事，拿它跟相似的，一想，這個問題就解決了。

這不是文字，這叫智慧。這個智慧是怎麼產生的？觀，把它作爲思惟修，也就是思，這叫修行。這叫法無定法，隨時都在修行，隨念都是修行。我們這個講的可是念念，這些大菩薩念念都在修行。念是主導，口裡所說的，身上所做的，都以這個主導來指導它，讓它怎麼做。

這個問題很深，今天給大家說些跟《華嚴經》不相干的，實際上這是另一種解釋方法，從淺近的，讓你從心裡頭去思惟觀照，這叫觀照般若。

這段經文的文字很深，你沒辦法生起觀照，就從日常生活極淺顯的去觀想，穿衣吃飯接人待物。比如說平等，沒達到理上，你平等不了。我們在這裡講課，他們那批人在勞動，他心裡頭想不通，他說你們在那坐著，輕輕鬆鬆在那兒聊天，你們在那兒聊天。他心裡頭想不通，你們在那聊天，我們在這兒出力氣，又出汗水又幹什麼，完了你們來走太平路，修好了你們來走。想得通嗎？想不通，很不平等。你坐著腰酸腿痛的，坐著很不耐煩，你說他們在那塊，悠悠自在的東搬西搬的，讓我在這坐著，你也想不通。兩個都想不通，哪個是對的，都不對。怎麼想？「是法住法位，世間相常住」，這是《法華經》〈方便品〉上講的。

你現在住這個位置上，就幹這個事。我們有好多在家道友，聽了幾部經，「我要出家了！」這個因緣還沒有成熟。出家師父們一聽講經，「我要行菩薩道去！」行菩薩道，你得要入社會，離社會行菩薩道，躲到山裡頭在山洞裡頭，你去行菩薩道，度誰？度石頭？你現在有本事入社會嗎？社會是火宅，一到社會裡就把你燒的皮焦肉爛的，痛的你要死，你又想清淨，這就叫衆生心。這就是妄念意念，都不是眞實的，這樣來學習《華嚴經》才能進入，不是依著文字。「依文解義，三世佛怨」，你沒辦法進入，「離經一字，即同魔說」，頂好是「不即不離」。

凡是不違背經的道理，我們可以各說各的話。怎麼各說各的話？大菩薩說的不同，小菩薩說的不同，就看智慧的深淺。對你的機感，他能聽得懂你的話，聽懂你的口音。明知道佛跟衆生不是一樣的，知道戒定慧絕不是貪瞋癡，貪瞋癡絕不是戒定慧。但是一翻過來，就到《華嚴經》，貪瞋癡即是戒定慧，戒定慧即是貪瞋癡。這就深入了。到了最後也沒有戒定慧，也沒有貪瞋癡。鑼鼓歇了，戲場收場了，什麼都沒有，這才入了般若境界，究竟清淨。

一切諸佛眾會中　普徧十方無不往
皆以甚深智慧海　入彼如來寂滅法
一一光明無有邊　悉入難思諸國土
清淨智眼普能見　是諸菩薩所行境
菩薩能住一毛端　徧動十方諸國土
不令眾生有怖想　是其清淨方便地
一一塵中無量身　復現種種莊嚴剎
一念歿生普令見　獲無礙慧莊嚴者
三世所有一切劫　一剎那中悉能現
知身如幻無體相　證明法性無礙者

這幾個偈頌的涵義不同，所以分開來解釋。

前面跟大家講過，要從極淺處入手，像這一個身，毛孔中放無量的光，光又射無量億衆生無量的身，於一毛端，能攝受無窮無盡的衆生，身徧十方，但是他本寂不動跟如來一樣的。如者就是他身徧十方，本身並沒有動，用他的智慧，觀這個法身之法，身徧十方到華嚴海會，豈是一方？以智慧觀察，智慧的光現此土，其他的地方還是去，身光普入。他能觀的智慧智用，智慧是用，是菩薩的大用，法身的本體並沒有動，他的身所放射的光明能夠徧入十方一切法界，能夠徧觀。住在一個毛孔之中，住在一個毛端之中，徧動一切的佛剎國土，每一塵中能現無數身，塵塵都如是，這就叫念劫無礙。

念就是一念間，思念這一念，「劫」就是「劫波」，時間最長了。一念跟一百年哪個長？他這個劫不是一百年，是萬萬萬萬年，萬萬萬萬年就在一念攝，這在菩薩證得的相同。念和劫，念和劫是圓融的，時分最長的就叫劫，時分最短的就叫念。念跟劫融在一起，念念能融，法性的理體無礙故。我們怎麼樣理解？如果你的念頭想很多的事，但主要的問題是你想什麼？你在做什麼？他沒動，儘管現無量的念很多的念，念與無念是不分的，無障礙故。這得證了法性的理體，證得理體，他就產生一些的妙用，在一切法一切事，都在一念當中攝。分跟不分，分是約事說的，不分是約理說的，理跟事是圓融的，圓融故無障礙。

我們現在從文字上學習理解這種道理，在用上呢？用不上。現在你身在這個地方，只能在這個地方辦事，你不能現身再到北京、再到太原、再到天津，再到一切處去辦事。辦不到，就說明你沒有證得妙用，但是這個會上的大菩薩，他們都能做到，分跟不分無限制的，一身跟多身無限制的，念跟身無限制的，我們是有限制的。

我們在理上明白，但還沒有證得，在事上我們是不通的，這些大菩薩都是通的，分身即不分身。觀世音菩薩在極樂世界沒有動，他在娑婆世界，在我們的南閻浮提國土，到處都是觀世音菩薩的化身，實際上他還在極樂世界。這叫分即無分，分身了，可是沒動本寂。證得這種理，分跟無分沒有什麼差別，因爲我們向這方面求，我們沒得到。在念上，我們不能圓融，生死即涅槃；生死就是不生死，我們做不到。我們分開了，小跟老，我們是有差別的。

這些大菩薩沒有小也沒有老，他是化現的，所以他不分別，是絕待圓融的。在菩薩分中，有時候他分，有時候他不分，這個偈頌都是就他成就的果德上來說的。我們舉一個偈頌來解釋，這些衆會的大菩薩是普徧十方無不往，有的菩薩是來到娑婆世界，是在釋迦牟尼佛的法會當中，有的在極樂世界，又在阿彌陀佛的法會當中，他是徧十方一切國土的，這不是我們凡夫所能理解的。

學了《華嚴經》，在生活當中要把思想擴大一點。不論是看依報，山河、國土、房子，還是看正報，正報是一個身，也就是現在的肉身。這些大菩薩是以甚深的智慧海，入到如來的寂滅法，寂滅法是定，我們前面講的大定，大定不是定，大定是隨緣入定。他在一切動作當中就是在入定，在定中又做一切事，因爲是從理上講的。上面這五個偈頌所說的義理，就是我們講的這些義理，但是這個道理是非常深。爲什麼？我們說的是佛的果德，大菩薩都證得佛的果德，現在這一品叫「如來出現」，佛現世間。我們是佛弟子，跟那些大弟子差得太遠了，他們所行的都是普賢行，普徧利益衆生，乃至沒有動他的本寂，沒有動念。

普賢勝行皆能入　一切衆生悉樂見
佛子能住此法門　諸光明中大音吼

這個法門叫什麼？叫普賢行願法門，我們常讀〈普賢行願品〉，我們的身能徧十方塵剎嗎？十方塵剎是什麼樣子？

剛才有個皈依弟子給我打電話，他預備現在動身朝峨嵋山，我叫他誦〈普賢行願品〉。他動念朝峨嵋山的時候，晚上做了一個很殊勝的夢，夢境很多，他問我是怎麼回事？是不是魔？我說你不用擔心是魔，醒了什麼也沒有了。

夢中他已經到了峨嵋山，夢中好像是普賢菩薩領他看了很多的見所未見，聞所未聞的，我們說別認眞，認眞了，當你修行成了，了不得了，這就入魔。如果不認眞，知道還沒修成的，這只是夢。

昨天我們就講夢中所顯的境界，聖境也好，魔境也好，一律不要往心裡去會，沒有魔也沒有聖境，這是心識所變。因爲你想上普陀山，或者想上峨嵋山，或者想上五臺山，你的夢中就顯普陀山觀音菩薩的道場。現了五臺山就是文殊師利菩薩的道場，因爲你想去。另一種因緣，過去朝過有殊勝因緣，他來朝五臺山有好幾次了，文殊菩薩並沒有入他的夢，在他的過去宿業善根當中，還沒有成熟。

像我們聽到這種殊勝的法門，普賢菩薩他的聖行，能入法界一微塵，塵塵剎剎都能入。一切衆生也想得到這種境界，多念普賢行願，那不是一生兩生，因爲這都是光明，我們一定注意，這是佛的現相。所來的這些大菩薩，一者佛力的加持，就像我們這個屋子的燈一樣，光光互攝。十方世界的海會，蒙這個光明所照，都來到毗盧遮那佛華藏世界海的菩提樹下雲集，那菩薩不是肉身，放種種的光明，有的菩薩則是從寶座出現的。

昨天念的經文當中，有的從菩薩座中現的，比如普賢菩薩，他有無窮無盡的眷屬菩薩。比如我們普壽寺住持是主要的菩薩，妳們就是眷屬菩薩，就是這種意思。我們看來到華藏世界的菩薩，他把十億佛剎抹成微塵，一微塵是一個菩薩，那我們這個娑婆世界擱的下嗎？這是光光互攝，不受形相的拘束。

前面的經文都是光光互攝，佛放光到了他那個世界，因爲佛的光知道毗盧遮那佛在華藏世界，要說《華嚴經》了，看到這個現相的光感召。這十方來的大衆，因佛的光感召的，來了要行供養，各個供養具的不同；但是全是光明，用光來供養的，化現的光，那些海衆的大菩薩，他們的影像各個不同，他們所現的獅子寶座不同。有的是同生，同生就是跟普賢菩薩相等的，有的是異生，跟普賢菩薩不相等的；不論同生也好、異生也好，本來這些菩薩是果位上的，鄰近如來，將要成佛了，他的身上毛孔放的光，他的供具也是光供，從光中又出現菩薩，那些菩薩又放光，光光無盡。

但是他們做的是同一個事情，利益衆生、度生的事情。所說的法千差萬別，殊途同歸，道路雖然不同，都得佛果。但是這個光所召的是有緣的，無緣的不會、無緣的不見，都是有緣的。這是說佛放光，是華嚴海會的法主，說《華嚴經》的法主，而後放光，現種種華，顯種種大衆，表一一法攝入。

主要的意思是佛在放光說法召集他們來，召集他們來幹什麼？助佛揚化，利益衆生，在這個法會當中，從十信位入十住，從十住入十行，十行入十回向，十回向入十地，說給這些大菩薩的，像善財童子五十三參，從凡夫地直至成佛。

◎現瑞表法

爾時世尊欲令一切菩薩大眾。得於如來無邊境界神通力故。放眉間

光。

毗盧遮那佛放光把他們召來，就像這些大菩薩，讓他們了解一下，什麼是如來的境界？什麼是如來的神通？什麼是如來的智慧？召集來說法，說法不是用口，不是用語言，用什麼？用光，放眉間光，在兩眉之間放白毫相光。佛放這個光叫什麼名字？

此光名一切菩薩智光明。普照耀十方藏。

「藏」是含藏之義，含藏什麼？含藏佛放這個光，廣大無邊，所以叫藏。在十方都可以見到佛所放的眉間光。前面說了，有緣的才能見，無緣的還是不見。光是什麼樣子？這個光像寶色燈雲一樣的，雲是形容詞，寶色燈雲像雲層似的，一重一重無窮無盡的。這個光：

其狀猶如寶色燈雲。徧照十方一切佛剎。其中國土及以眾生。悉令顯現。又普震動諸世界網。一一塵中。現無數佛。

我們現在不是有網路？網路一放，全地球都收得到，佛放的光，震動一切世界網，也有網路可循。十方的世界每一微塵裡頭，一塵裡頭現無數佛，塵塵都如是，現這些諸佛都做什麼的？隨眾生的性，隨眾生的欲望，因爲根性不同，欲望也不同。

隨諸眾生性欲不同。普雨三世一切諸佛妙法輪雲。顯示如來波羅蜜海。

現在的、過去的、未來的諸佛說妙法，現在都顯現。未來諸佛可就廣了，三世的諸佛都很廣的，所演的妙法如雲，妙法之中所有演說的都說的是如來到彼岸的事情。「顯示如來波羅蜜海」，這有兩種，一種讓眾生到彼岸，一種波羅蜜海就是智慧海，讓眾生都得到智慧能夠成就。

又雨無量諸出離雲。令諸眾生永度生死。復雨諸佛大願之雲。顯示十方諸世界中。普賢菩薩道場眾會。作是事已。右繞於佛。從足下入。

這個在教義當中講三要道，發出離心，叫出離菩提。要讓一切眾生都能離開，離開什麼？離開這個苦難世界，這叫出離。對世間生厭離心，三世過去諸佛所演的法，演的甚深智慧，用智慧能夠達到出離，沒有智慧出離不了。有大智慧，令眾生出離就度眾生了，度眾生就是大悲。悲智雙運的大慈大悲，沒有願力不可能救度眾生，有願力又有智慧，才能夠令一切眾生出離苦海，永度生死。

十方所有一切的道場當中，都在行普賢大願，這就是文殊智慧，一切眾生都能得度，文殊普賢結合到一起；這裡文殊隱了，隱了就沒有說文殊，專顯普賢。

「作是事已，右繞於佛。」我們現在是一進大殿就往左邊去。沒有從右邊繞過去的，按照佛教授的規矩，一定從右繞，繞到你本來座上，一切都要右繞。

往往我們燒盤香的時候不知道，把它點著了，往裡一擱，這是不對的，盤香一定得右繞。一切右繞，順佛行行故，順佛怎麼做的，我就怎麼做，佛總是從右到左。進大殿裡一定這樣繞的，繞佛幹什麼都要這樣繞的，這叫順。順佛，所以都要右繞。右繞佛完了，「從足下入」，《華嚴經》的經文，「從足下入」講的很多，為什麼從足下入？從下到上，一位一位的入。信、信完了才能入，才能住，住了才算有位置了，信沒有位置。

我們還沒有講《華嚴經》之前，先講〈起信論〉，目的是讓你信這種境界，如果是你不從〈起信論〉、不從你最初開始，相信自己是毗盧遮那佛，到了經文裡頭去，你沒法進入。你要是有信心，相信自己跟佛無二無別，你就能進入。

佛在無量世界放這個光，往無邊境界的轉了這麼一轉圈。之後，這個光回攝是從足下入的，表示佛度這一切眾生是從足下一步一步上升到眉光的，前面是放的眉間光，入的時候，可是從足下入的。因爲毗盧遮那是說法主。

「爾時世尊欲令一切菩薩大衆得於如來無邊境界神通力故，放眉間光。」前面是總說，這裡單提出來說佛放眉間光的意思，就是光的體，這個光的體就是眉間。眉間就是眉間的中間，永離斷常二邊，表法的，既非斷見也非常見。光中不計有和無，有、無是兩邊，放這個光，在光中顯示。佛沒有說話，光說法。佛放這個光，光說的法，菩薩都領會到了，這個光不即有、不即無，離二邊的過患。

那個道理，既不說常也不說斷，無常就是斷，常就是有，斷常二邊。不著一切諸法之邊也不著諸法之相，相都屬於邊，不著相。行，約體，不即有無。約義理，不著常和無常。約行，不計苦樂，苦樂也是二邊。行道的時候，一定要行的道中。

這個道是菩提道。菩提道沒有邪正二邊，菩提道就是菩提道，沒有什麼是正道、什麼是邪道。約人，不執因果二邊，既不計因也不計果。約教，沒有什麼出世法、世法，也沒有什麼世間相、出世間相。於教不說出世、住世的二邊，世出世二邊。於諦，諦就是諦理那個諦，佛在講經的時候，汝應諦聽諦聽，《華嚴經》沒有說，你諦聽諦聽！因爲他放光，光中沒有眞諦也沒有俗諦，這是究竟了義的華嚴境界。不論五教、四教，在講解經的時候，先給你講化法教、化儀教，四教儀，五教儀，儀就是化。教化的方法，有權有實，在《華嚴經》，於化不定權實，權即是實，沒有權法，都是實法。

由於以上的種種原因，才放眉間光。眉間光所教導的，就是告訴你不要著有無之見，一切諸法之體，一切法性，沒有有也沒有無，說有不可以，說無更不可以。若講法的義理，既不著常也不著斷，沒有常也沒有斷，沒有什麼叫無常，也沒有什麼叫常。

這種義理在《華嚴經》不講了，生滅法就是無常的，說不生滅，不生滅就是常的。既不是生滅也不是不生滅，就是不生不滅的。不論在哪一法上，任何一個法上，不說常跟無常，也不說我跟無我，這跟小始終頓完全不一樣，而是純圓。沒有什麼叫我？什麼叫無我？什麼叫苦？什麼叫樂？什麼叫染？什麼叫淨？因為佛的境界沒有染淨之分。

一切諸法相是互相偏的，在修行當中，不計苦樂，也不執著什麼是正道？什麼是邪道？不注重因也不注重果，一切都泯了。觀察世諦如第一義，所以也就沒什麼世諦與第一義之分別。有時候像佛說的，很多經卷是權，說《法華經》、說《華嚴經》顯實了，在《華嚴經》沒有權實的分別。但是知道，這是光所顯現的。這一段都是佛放的眉間光，這個光跟其他的光不一樣的，前面就講光的體，這叫瑞相。光的顯示，就是以佛為法主。法是要人弘的，佛所說的法，佛弘揚的方式不是用語言，而是用放光方式弘法。佛放的光，菩薩的智慧光，佛放的光照耀十方一切菩薩，這些菩薩都能知道佛的智慧光是什麼。菩薩十方微塵剎那麼多的佛國土，蒙佛光的感召，光裡頭就在說法，光裡頭就表現佛的德。在十方剎海一切微塵之內，光的用意。這是顯示佛的法身。

果上成就佛果之後，一切所有諸法都是清淨的，都成了淨德，這種的功德是超過二乘，超過一切菩薩，這叫法界藏的功德，能夠加持一切染淨有爲和無爲。含藏的性功德，叫性功德，性體本具的功德，叫藏。這個功德我們都具足，性功德是我們本性具有的功德。

至於化一切衆生的這個德，我們沒有。我們雖然性具，但是相跟用不同了。這純粹是顯佛的果德，在一一塵中顯現無數佛，無數佛又說法利益衆生，口說也好，放光也好，轉佛如來的妙法輪。轉妙法輪的目的，是讓一切衆生除染得淨。

其次，讓一切衆生都能發大願，成就大願雲。他不說日也不說月，說什麼？燈雲，色如燈雲，周徧潤澤，周徧潤澤就是法雨周徧潤澤。在經文裡頭，〈如來十身相海品〉就說，眉間有大人相，徧法界的光明。那是以摩尼寶花爲莊嚴的，現一切佛的身，又出妙音了，那個地方妙音說，這個地方用光顯現。這個光徧照十方一切佛剎。佛這個眉間光所照的光，徧十方一切佛剎。十方佛剎所有的國土，所有的衆生都在光中顯現。

光所感召的地方都震動，那叫世界剎塵數的網，每一塵中又現了無數佛，隨衆生所求的不同，各取所需，這是顯示如來的波羅蜜，讓衆生永度生死，這就是放光的業用。光明所照耀的，光所顯現的國土和衆生。因爲在這個無量無邊的世界上，重重疊疊，交互相映，像網一樣，網是形容詞。每一微塵都現佛，現佛都要說法，就叫法語。佛將要說法的時候，這些來聚會的大菩薩，從光中他就聞了法，得到法的利益了，知道毗盧遮那佛的大願，普周剎塵，一一剎的微塵都如是。

右繞佛已，從足下入，光圍著佛，圍著十方國土，照完了，回來圍著佛繞已，從足下入。入就顯光有所歸，證明從佛所流出的，眉間出的光，修因順果。修因順果故，一定要右繞。自下升高故，所以要從足下入；足者行也，旅行。光所說的，他的行爲跟光是相合的，光從上眉間發，而從足下入，逐步升回眉間，這叫正入。

這個光說法，道理怎麼顯？下一段經文就表這個所現的光明，他的義理是什麼？在這個時間，佛前現了一朵大蓮華。

爾時佛前有大蓮華。忽然出現。其華具有十種莊嚴。一切蓮華所不能及。所謂眾寶間錯以為其莖。摩尼寶王以為其藏。法界眾寶普作其葉。諸香摩尼而作其鬚。閻浮檀金莊嚴其臺。妙網覆上。光色清淨。於一念中。示現無邊諸佛神變。普能發起一切音聲。摩尼寶王影現佛身。於音聲中。普能演說一切菩薩所修行願。此華生已。一念之間。於如來白毫相中。有菩薩摩訶薩名一切法勝音。與世界海微塵數諸菩薩眾。俱時而出。右繞如來。經無量帀。禮佛足已。時勝音菩薩坐蓮華臺。諸菩薩眾坐蓮華鬚。各於其上次第而坐。其一切法勝音菩薩。了深法界。生大歡喜。入佛所行。智無疑滯。入不可測佛法身海。往一切剎諸如來所。身諸毛孔。悉現神通。念念普觀一切法界。十方諸佛共與其力。令普安住一切三昧。盡未來劫。常見諸佛無邊法界功德海身。乃至一切三昧解脫神通變化。

「爾時」就是佛從眉間放光，放完了繞了這麼一匝，完了又從佛足下入，入完了之後，佛前現一朵大蓮華，忽然出現的。這朵蓮華跟一般的蓮華不同，這蓮華具足有十種莊嚴，跟一切蓮華不同，一切的蓮華不能跟這個蓮華相比。這個蓮華的莖梗梗是衆寶間錯的。

「摩尼寶王，以爲其藏。法界衆寶，普作其葉。」法界裡所有的寶，作這個蓮華的葉，葉上都有鬚子，蓮華葉上的鬚。「諸香摩尼而作其鬚，閻浮檀金，莊嚴其臺，妙網覆上，光色清淨。」這個蓮華能現一切神變，於一念中示現一切諸佛的神變。蓮華裡頭示現諸佛的神變，這回出音了，前面的光沒有出音，這個蓮華出音了。「普能發起一切音聲，摩尼寶王影現佛身。」蓮華上的佛身是摩尼寶王影現的，寶王中影子現的佛身。在這個音聲當中，不是普能發起音聲嗎？音聲當中演一切菩薩所修行的願。這是總標，蓮華出現了，這個蓮華所表現的就是佛華嚴。《大方廣佛華嚴經》，表現的就是佛華嚴。華藏佛所淨的華藏世界國土，與佛前出現這個蓮華，表華嚴是因果同時。

因果同時，就把前面一切光所攝的，都在這裡表現。若分開來解釋，用十對來說，《華嚴經》經常用十，表現有十對。賢首國師依著這個經義，說這個華是因，因爲理所容，理容因故，因亦成理。賢首國師爲示現這個義，把他分成十對。

第一，教和義。依著蓮華能生解。蓮華如教，義就是生解，說你見此蓮華就明白了，解就是悟解，明白什麼？明白事、明白理。

第二，事和理。蓮華的華，那就是事，這個事就具足理，因爲這個體具眞故。它的體就具足眞實，所以事就顯理，理就成就這個事。華是事，但是體是理，體能成就這個華的事。這是解釋蓮華，蓮華就是教所顯現的，顯個蓮華作什麼？你就研究了，蓮華是事。蓮華的體，這個突然出現的體，這個體就是理，理就是一眞法界，教、義、事、理。

第三，境和智。華是能觀見的，外邊的境，境就是境界相，突然出來朵蓮華，現這麼個境界相，這個境跟理合，就跟智慧相合，能觀這個華，能觀這個境的，可是智慧。華是所觀的，能觀的是什麼？是智慧。智慧的體性，境和智是一個。境即是智，智慧所現的境，境即是智。

第四，行和位。華是在行中。在行中一定入位，行位。十住位？十回向位？十地位嗎？不是，果位、佛位。行萬行之因花，嚴佛果的果德，行位。

第五，因和果。以五十三位說，位位的不同，位位都是因，位位都是果。既然說到果了，就講因果。因是華，這蓮華現的是華，這華要顯果德，成就了，果德上所現的華，佛所成佛的是由因來的。

第六，依和正。依就是修，正就是所修成了，依正全是修。蓮華是依著果產生的，這個因是從果來的，所產生的正報、所產生的依報，依是蓮華，正報是果德所顯現的，全是所修的。

第七，體和用。體就是眞性，眞如的本體，用這個應一切機，應一切機就度化一切衆生，隨機說法。

第八，人和法。恆以此蓮華的因，教化一切衆生，蓮華之中就在說法。蓮華的顯現就是說法，這叫果契因緣，果成就一切的因。

第九，逆和順。在一切的逆境當中，一切衆生是有熱惱的，用十度來度，「施、戒、忍、進、禪、慧、方、願、力、智」，這是十度，用十度把他度了，成就佛果，熱惱消失。

第十，感和應。一切衆生都在感，感就是求。那麼徧應一切衆生，這叫應。其實這個廣解起來叫《華嚴經》的十玄門。

下文都講這個問題，在佛的光中忽然出現大蓮華，顯佛的果德是妙用自在。蓮華住在什麼地方？怎麼忽然產生？它有含藏之意，果裡頭含藏著因，一含一切。含藏什麼？含藏一些因，藏就是果，這就叫華藏。華藏世界因這而立的，這叫華藏世界海。可是這個都在一念當中，一念如是，念念如是，這叫妙用自在。一念如是，這是毗盧遮那佛的體所含藏的，含藏的體當中隱現了佛的身。

以下解釋蓮華。「此華生已」，說這個蓮華生出來之後，一念之中，還沒有等你思索，忽然間於如來白毫相中，有一菩薩摩訶薩叫一切法勝音，於白毫相中出現的。不止他一尊，他與世界海微塵數菩薩眾，俱時而出。白毫所出的眾菩薩有好多？世界海微塵數，沒辦法知道數字，都是法勝音菩薩的眷屬。「俱時而出」，隨著一切法勝音菩薩，有那個世界海微塵數眷屬眾，跟著他出現，右繞於佛，繞好多匝，一圈算一匝，匝是周圍的意思。這周圍轉一圈，一匝。繞無量匝，禮了好多匝，不能計數，計算不出來。

《華嚴經》上說時無定體，我們不說繞無量匝，就我們五六百人，圍著我們這個法堂繞一匝，繞一圈，要好長時間？我們繞一百匝要好長時間？無量匝，可不是我們這個數字，他是世界海微塵數那麼多菩薩，這是《華嚴經》所講的事。

《華嚴經》講事都用無量劫來形容，《華嚴經》講的事，實際上是理，那是理所成的事，跟你純粹的事不同，繞完佛了，要禮佛足。繞完了，禮完了，作禮完了，那麼勝音菩薩坐蓮華台，他坐那個蓮華的台上面。他那些眷屬菩薩坐蓮華鬚上每個葉上，次第而坐。這座大蓮華可就讓他們就坐滿了，這時候一切法勝音菩薩，了深法界，生大歡喜，入佛所行，智無礙滯。

他所做的跟佛的智慧相等的，他入到佛的法身不可測的法身海。不僅在毗盧遮那佛所，又往一切剎諸佛所。無窮無盡諸佛所，表現什麼？身諸毛孔。說勝音菩薩身諸毛孔，悉現神通。現什麼樣的神通？念念普觀一切法界、十方諸佛，共與其力，這個時候他普觀十方一切諸佛加持他，給他的力量。

給他力量做什麼？令他普安住一切三昧。普安住一切三昧就是正定聚，這個定定到盡未來劫，時間就不知道好久了，現在他可能還在定中。佛說《法華經》，距離到現在，就我們人間來算還不到三千年。他還在定中，普安住一切三昧。這種定，雖在定中徧往十方諸佛剎海當中行菩薩道，他盡未來際，那時間就長了，到什麼時候爲止？沒有說，他常見諸佛無邊法界功德海深。看見諸佛的身，諸佛的身是法身，諸佛無邊的法界功德法身，功德就是報身。乃至一切三昧解脫神通變化，那就是佛的法身。

見佛一切身就是法報化三身，佛都在利益衆生。《楞伽經》上講，佛是常在定中，「楞伽常在定」，一切三昧就是正定。解脫神通變化，如來出現，這就是佛境界。我們是凡夫，若是以位來說，我們沒有位。爲什麼？信住念，信住行回向地，信是沒入位的，到住才入位。

下面單講信，相信自己是毗盧遮那。如果你有這一念，相信自己是毗盧遮那，就成就這一念。

在現一切衆的時候，爲什麼說一念？因爲那個花突然出現大蓮華，華生了，生了華的中間，沒有間斷的、沒有隔離的，華生的時候就是教的生起，教裡頭含著道理，叫義；表教義相應的時候，就是在這一念。

佛現於大衆當中，這蓮華的出現，是在白毫中光中所表現的，這些表現都是在佛的白毫光中。白毫光是從佛的淨法界理體所流露出來的，這是一切教的根源，毗盧遮那佛教法的根源。本地風光，光是白色的，沒有紅的藍的無量光；不是，僅是白色的。忽然又現出這麼多菩薩來，有主得有伴，在會的大菩薩都沒說，佛就把白毫的光中所現的伴，就把一切諸法都收攝進去，都圓滿了。

這個爲主的菩薩叫勝音，殊勝的音教，殊勝的言教，說明佛所演暢的是圓教法門，圓教法門必有眷屬，所有世界海微塵數那麼多眷屬，那是權，神通所現的。所現的不是眞實的，而是權；權跟實佛所現這個蓮華也是權，不是實。但是這個權是由哪來的？是由實中來的，權實同時。權是權巧方便的權，眞實不虛的實，權實相應。教跟理，教是言說，義是道理，白毫光中所顯現的教和義是相應的，是和合的。

大衆白毫中所流露的是從證得清淨法所流出來的，因爲他表現是白色的，這是根本。但是這些菩薩，勝音菩薩是主，那些眷屬是伴，主伴圓融具德。約法說，世界海微塵數修多羅是眷屬。現在佛說這個法的眷屬。右繞是順著所的教導，身請完了，依教奉行。完了是禮佛，繞佛禮佛完了，就座。因必契果，菩薩表因，因一定契合佛的果德。因一定順著果，因順果故，表示右繞如來。依著這個蓮華而坐，這裡頭有正有助，眷屬就是助。坐蓮華台的、坐蓮華鬚的，有差別。依著義理，事理明白了。教由人立，教是人立的，沒有人教什麼？

這些大衆是從佛眉毫相光顯示出來的，主要是顯佛的德業，因爲如來出現。勝音菩薩、這些眷屬從眉毫相光出來的，是佛的妙用，從佛眉毫相光顯現的，這是讚歎佛的德。

但是另外配合起來說，勝音菩薩暨其眷屬普攝十地功德。「初歡喜地」，這蓮華光所表現的，普攝十地，如來的入歡喜地，初地是歡喜地，破了無明得到根本智的一分，證得了。證到如如之體，只證到一分，生大歡喜，眞正的是法王子。

「二地性戒」，二地菩薩是顯性的，也是顯戒律的，這也是佛所行的、佛所經歷過的。但是這個戒是性戒，性戒不是我們所說的戒條，那個戒是性戒，性體本具戒行，佛所行的。「三地多聞」，多聞就是入佛的法身海。「四行道品」，四地是菩薩行道的。一切善友所互相依的。「五地雙行」，是自利利他，雙行的，來利益眾生化度眾生。「六觀法界」，到了六地，觀法界的般若智現前，就是佛的根本智法，根本智現前。「七功用已終」，第七地菩薩他的功用已終，佛給他增加利生的力量。「八無生無動」，八地住三昧心，無生無動，常住三昧當中，不利益眾生。十方諸佛勸導，你還沒有達到究竟，他才從定而起，完了去說法利眾生。

「九為法師」，第九地才叫眞正的法師。以佛為師，以法為師，他見到無邊的法，法特別殊勝。法師者以法為師，以法傳人，這個法是無邊際的。「十具於大盡」，第十地菩薩三昧等圓，接近佛果。為什麼說十地？《華嚴經》還有個十一地，還沒講到十一地，這裡是按一切經論所講的。初地菩薩見了一分了就能知道從初到十，前前能知於後後，後後成於前前。但是在別教說初地不知二地事，《華嚴經》則說初地就能攝一切諸地的功德。前前能知後後，他知道他沒得到，他知道一步一步得的，後後通攝於前前。

另外又有十種解釋。一者是「理智了眞」，登了初地，證得實際理地的智慧；這是重說佛所證得的時候，他的理智了達眞如的實際。第二種是「量智入行」，他有這個智慧，無量的智慧入於一切行、入於無量行。第三種是「證窮法身」，獲得究竟了，常觀受用是自足，法身自己的受用。第四是「常觀受用」，第五是「毛現神變」，在《華嚴經》盡說毛孔，每一個毛孔現出無窮無盡的神變力量。

第六是「念觀法門」，念觀是念念與諸佛相合，念念契合度眾生，與眾生相合，這叫什麼？這叫「性空緣起」。整個的經佛說一切法，就是這四個字，把這四個字搞通了，佛法通了。「性空緣起、緣起性空」，能攝一切法。

第七是「外感佛加」，同時外感十方諸佛加持，佛佛相加。第八是「內安深定」，內裡頭，安身定，身常在定中，這個身是法身。第九是「豎見來際」，能豎窮三際。第十是「橫無不圓」，橫徧十方，我們說豎窮三際過去現在未來。橫徧十方，無所不知，無所不了。

再把這十句話配成五對，若橫若豎，能詮所詮都具足了，這叫「如理如量對」。「法身報身對」，這是法身報身化身。心念跟身體的毛孔，這是「身毛心念對」。「外感內安對」，外邊所有感受，內心所有的安定一切皆圓。「豎見橫圓對」，豎窮三際橫徧十方，是圓滿的，這就是佛的德。隨便你怎麼樣稱揚都超不過，顯佛德的無盡，這是眉間的菩薩讚，最後是十方一切菩薩讚，讚歎佛的功德。「稱讚如來」是普賢十大願的第二大願，大家念普賢十大願就把那個解釋得很詳細。假使十方一切佛，經於無量諸劫，讚歎佛的功德讚不盡的。無能盡說佛功德，這是普賢菩薩跟善財童子說的。

◎稱揚佛德

現在講到眉間菩薩，眉間菩薩是從佛的眉光中顯現的，這些大菩薩讚歎佛的功德，讚歎之後來了很多的菩薩，這些眉間菩薩跟十方一切新集的菩薩，來到華嚴法會，這是形容主伴圓融無礙。諸菩薩當中以勝音爲首，其他的爲伴，勝音菩薩就代表這些大眾讚歎佛的功德，先是總讚佛的功德，後是別讚，別讚就是一步一步地說。

即於眾中。承佛威神。觀察十方。而說頌曰。

讚歎是以偈頌體裁讚歎的，以偈讚歎佛。讚歎佛分十種讚歎的方式，十偈頌讚歎佛。第一偈頌讚歎佛，讚歎佛的出現，讚歎佛像海一樣深、像海一樣廣。第二偈讚歎佛所說的一切法，演說法。第三偈頌讚歎佛的變化，一毛孔中無邊佛剎，無邊佛剎又有無邊諸佛。第四偈讚歎隨佛聞法的大眾。第五偈頌讚歎佛的世界依報。第六偈讚歎法界的安立。第七偈讚歎波羅蜜海，所成就的波羅蜜智慧。第八偈讚歎佛的壽量，第九偈讚歎佛的解脫，第十偈讚歎佛的名號。

以下十個偈頌，先讚歎佛身。

佛身充滿於法界　普現一切眾生前
隨緣赴感靡不周　而恆處此菩提座

十個偈頌都是讚歎佛的，初三個偈頌是讚歎佛的德，說佛的身充滿法界，是指法身佛說的，「普現一切衆生前」是指佛用說的，利益衆生的大用。「隨緣赴感靡不周」，佛利益衆生的時候，有緣了，衆生的感，佛就去應，佛不是像我們應的時候必須到說法處所，佛是化，沒有離開菩提座。橫徧十方去利益衆生，佛有十身，十身圓融，這是單言佛的身。

爲什麼說法界是總說的？法界有事法界、理法界、理事無礙、事事無礙。佛身充滿於法界是按理法說的，普現一切衆生前是按事法界說的，隨緣赴感理能成事，這是理事無礙，而恆處此菩提座，講事事無礙。那麼佛成就了，經常我們有這麼一句話，一個成就了，一切都成就了，一成一切成。用也如是，佛的眞身，法身是本，他的本體徧一切處，法身徧一切處，所以說不動本體而徧一切處。

「隨緣赴感靡不周」。徧一切處，而恆坐此菩提座沒動，爲什麼？佛的法身徧一切衆生前，徧一切衆生前的時候，爲衆生說法是化身，隨衆生的緣而生起諸法，這叫緣起生諸法，但是本性是性空的，這叫「性空緣起」。緣起諸法是沒有自性的，回歸他的理體，回歸性空，要經常的觀想「性空緣起、緣起性空」。

每位道友自己都具足性空緣起，現在你這個色身肉體是緣起的，一會兒現這個相，一會兒現那個相，現了比丘尼相，不會當媽媽；妳在家時候應該當媽媽了，現的媽媽相了，妳剛生下來，女孩子，那現的是童女相，童貞入道。但是不一定都是童貞入道，也有中年出家的。不說是甚深的，就說你現前的，現種種相。三四歲的時候，連讀小學的資格沒有，只讀幼稚園，那是一個相。你想你自己，你現了好多種相？心裡想就是我自己，有時現的無知，長大了讀書了，或者條件好了，大學畢業，有知了。那你入了佛門，所學的又不同了，這都叫緣起。

緣起諸法不是一樣的，你有你的緣起，他有他的緣起，一切衆生無窮無盡的緣起。人的一生，都經過好多緣起。爲什麼能如是變化？性空故。我們有句俗話，「隨緣消舊業」，隨著這個一切世俗的因緣，把過去的業障罪業消失了。下面還有一句話，「更莫造新殃」。千萬別造新的罪，這是凡夫。乃至二乘的緣起，菩薩的緣起性空。

現在我們講的是佛境界，法界是性空的眞體，一眞法界的性體，他的緣起就是現一切衆生前，度衆生，有緣就應，無緣就靜，應的時候沒有動有靜，而沒離開靜，沒有離開本體。不但全身，如來的一一毛孔，每一個毛孔都有刹塵數諸佛住，這一毛孔就是一法界，佛身充滿徧法界，徧一切法界，所以如來一一毛孔，每一個毛孔都徧法界，法界裡有無量無窮的衆生。

如來一一毛孔中　一切刹塵諸佛坐
菩薩衆會共圍繞　演說普賢之勝行

成了佛之後只有一件事，度衆生。衆生無窮無盡的差別，佛說法，佛所在的處所，赴感的時候，不是一個地方，而是無窮無盡的衆生。

如來安處菩提座　一毛示現多剎海
一一毛現悉亦然　如是普周於法界

永遠是安住的，「楞伽常在定」，安住就是佛永遠在三昧當中，坐菩提座。從佛的每一個毛孔都示現無量的剎海，剎是形容依報，剎是剎土、處所的意思，一個毛孔示現很多佛剎剎海。一一毛孔所現的，「如是普周於法界」。

一一剎中悉安坐　一切剎土皆周徧
十方菩薩如雲集　莫不咸來詣道場
一切剎土微塵數　功德光明菩薩海
普在如來衆會中　乃至法界咸充徧
法界微塵諸剎土　一切衆中皆出現
如是分身智境界　普賢行中能建立
一切諸佛衆會中　勝智菩薩僉然坐

各各聽法生歡喜　處處修行無量劫
已入普賢廣大願　各各出生眾佛法
毗盧遮那法海中　修行克證如來地
普賢菩薩所開覺　一切如來同讚喜
已獲諸佛大神通　法界周流無不徧

最後一句說，「法界周流無不徧」，跟前面第一個偈頌「佛身充滿於法界」不是一樣的嗎？中間經過很多的涵義。有的約佛智說，有的約佛行說，前面總的是約身說，完了說法是利益眾生說，乃至於剎土，剎土就是佛的依報身，佛的依證二報。這都是讚歎佛的言辭。

一切剎土微塵數　常現身雲悉充滿
普為眾生放大光　各雨法雨稱其心

在無邊的剎土之中現身說法，說的法像雨一樣的，使眾生歡喜。說法，用法雨來形容著，有的時候不一定完全恰當。爲什麼？現在我要來講經，下雨了，還得打把傘，路上又滑，你們來聽經就不大生歡喜。

這個是形容詞。法雨不是這樣子，法雨是消除我們的熱惱，有沒有眾生不歡喜法雨的？我們這裡頭可能也有的，一下雨，身體有一點疲勞，還要去聽課，《華嚴經》也聽不懂。想不去，在屋裡睡大覺不行，爲什麼不行？這是制度。假使說我們自由自在的，願意聽就聽，不願意聽可以不聽，恐怕總有幾個會睡大覺的。

佛說一切法，應眾生的機，有的機，有的眾生他不聽你的，他不信，佛門廣大難度無緣之人，普降法雨，他躲到屋裡頭，像我們來的時候打把傘，使這個法雨淋不到，就沒得度。打把傘形容什麼？障，雖然是來會的大菩薩，他聽了法喜讚歎。到華嚴會的菩薩，還是少數的，只有十億佛刹，百億佛刹就沒來，千萬億佛刹就沒來。

因此你要體會到，佛有時候是智慧身，智慧身是徧法界的，有的佛是業報身，佛的業報身跟我們的業報身不一樣的，佛的是功德報身，我們是隨業的報身，但有時候是佛的智身。

前面讚歎的這些偈子，是勝音菩薩讚歎的。以下就分開了，東西南北四維上下，十方諸菩薩讚歎的，各有各讚歎的偈子。我剛才是總體來說，讚歎的偈子大致從佛的身、從佛的智慧，從佛的功德、從佛的宿世的行菩薩道，讚歎佛的德。但是這都讚歎佛的果德，也有讚歎佛的因地修行，成就佛果的過程中讚歎的。

知道這些讚歎詞，就不用一個一個去講，總之是讚歎佛的功德，讚歎佛的智慧，讚歎佛的成就，讚歎佛行菩薩道的那些過程。

爾時眾中。復有菩薩摩訶薩名觀察一切勝法蓮華光慧王。承佛威神。觀察十方。而說頌曰。

首先是東方蓮花光菩薩。在這個法會當中，又有菩薩摩訶薩，他的名字是勝德，功德號一切勝法蓮華光慧王。「承佛威神，觀察十方，而說頌曰」，讚歎的偈頌。

如來甚深智　普入於法界　能隨三世轉　與世為明導
諸佛同法身　無依無差別　隨諸眾生意　令見佛色形
具足一切智　徧知一切法　一切國土中　一切無不現

這個偈頌，讚歎佛的真身和應身。真就是法界身，所謂法界身普徧於法界，他的涵義就是佛地，登了佛地之後，他有應身、有法身、有報身，法報應。還有化身，應完了化，還有異生身，這在佛的十身裡頭講。他能夠隨過去未來現在，就是三世轉，轉的意思就是轉法輪說法。

轉而不動，一切時一切處你都作如是觀，佛的法身是不動的，他經過過去現在未來的三世轉，得一切世間作指導、作光明。但是他本寂不動，不動是什麼？就是諸佛同法身，一切諸佛是同一法身，沒有什麼差別的，所差別的是緣起不同。這個就可以理解了，西方極樂世界的阿彌陀佛，緣起的是極樂世界，東方琉璃光如來世界，他是琉璃世界。釋迦牟尼佛，毗盧遮那佛的世界，釋迦牟尼佛五濁惡世，是到淨土去度衆生？還是到五濁惡世去度衆生？

現在阿彌陀佛已經度生度了十劫，釋迦牟尼佛在娑婆世界南贍部州的時候八十年，八十年是在我們人間算的，連極樂世界一個早晨的時間都沒有，連半天的時間都沒有。那是釋迦牟尼佛殊勝？還是阿彌陀佛殊勝？平等平等，諸佛的法身同是一個法身，他所依的國土，隨緣，隨衆生緣所現的，諸佛與諸佛同一個法身，沒有差別，有差別的是衆生的差別，隨衆生業。

極樂世界阿彌陀佛度的衆生，能夠生到極樂世界，沒有惡衆生，都是善衆生。釋迦牟尼佛在娑婆世界，特別在南贍部洲度衆生，三惡道的衆生多，三善道的衆生少，五濁惡世。但是就利益衆生說，就成佛的速度說，娑婆世界度衆生，成佛的速度要快，極樂世界得經過無量劫，舉個例子，行布施度。娑婆世界接受別人布施的人特別多，此土菩薩施捨的特少，極樂世界你要想布施，那就太難了，因爲遍地是黃金。

生到極樂世界，你還需要什麼？只需要佛說法。爲什麼我們求生極樂世界？回向偈有這麼幾句話，不違安養，回入娑婆。到那去享福，你還回來做什麼？有的想成佛，想成佛在極樂世界度衆生，恐怕不如娑婆世界度衆生來的快。

況且從娑婆世界生到極樂世界，你的緣都在娑婆世界。假始再深入，普賢行平等平等。娑婆即是極樂世界，極樂世界即是娑婆。什麼平等？這叫法身理體上平等。就理上來說平等，事上不平等。必須得明白這個道理。

現在我們這個法堂有五百多人，大家共同來學習華嚴的平等平等，你能攝受好多就攝受好多，能悟解好多就悟解好多。每個人的思想、每個人的意願，每個人的善惡因果平等嗎？平等是理，但我們有幾個平等？學佛，大家都是佛弟子，不管你優婆塞、優婆夷、比丘、比丘尼四衆弟子，佛弟子平等。起碼大家都受過三皈，皈依佛、皈依法、皈依僧，平等。你是以什麼心情皈依的？你現在你的皈依程度到什麼程度了？依靠佛，皈向於佛。皈的情況如何？這就不平等了，經常用平等來化解不平等，都平等。

只要是人道，管你哪個國家的，黑的、白的、黃的、紅的，什麼皮膚顏色都沒關係，因爲你是人，這個是平等的。智，有智慧有愚癡，智跟愚是相對的。有的他心裡很清淨，有的心裡很煩惱，往不平等上說，千千萬萬都說不完。比如我們都出家了，都是比丘尼，同住一個房間，一個房間有的住八個人，有的一個房間住一個人，住八個人的心想了，她爲什麼能一個人住，我爲什麼不能一個人住？熬煉的功夫不同。有的想八個人住，還住不進來，還不收她。妳們說這平等嗎？

還有絕對不能平等的事，例如吃飯。你的食量很小，一碗就飽了。他的體力強，年紀輕，他得吃三碗。一般人，普通的說兩碗。如果說不行，我們得加個規定都得平等，一律兩碗。那糟糕了，兩碗人很舒服，剛剛合適，吃三碗人肚子就餓了，吃一碗的，撐的不得了，能平等嗎？

有人問過說你們佛教講平等，我說我們講的平等，不是這樣講的。說他為什麼要長一米八？我為什麼才一米五？一律都一米六五。那長的，砍他一些個，砍短一些個，短的把他拉起來，得了，長的也活不成了，短的也活不成了。這不是平等。

平等是怎麼樣子？就你的份，你吃一碗，吃一碗就好了，他吃兩碗，吃兩碗就好了，吃三碗吃三碗就好了，隨願而吃，滿足你的要求就行了，這叫平等。一切眾生的福報不同、意願不同，這叫法界同等，「諸佛同法身，無依無差別」，如來甚深的智慧普入於法界。有人就問過，發心了，一切眾生跟佛平等平等的。

我們經常說，相信自己是佛。這是性具，跟佛是平等平等。性具是理，就像說我們都是人，不錯，這是平等的，都是人，人是平等的。人就不同了，有老人、有小孩、有男性、有女性、有中間的窮富、貧富壽夭、長壽短壽，隨他自己的緣，這才叫平等，隨緣平等，同具法性平等。體上平等，事上不平等，等你成到佛的果位，理事無礙了，智慧到了大圓鏡智、平等性智，是這樣說的平等。

佛教講平等，是理上的平等。事上，各作各的業，各受各的報，你不要報怨，不要報怨爲什麼他富、我窮，不行，大家都得平等，他沒那個福報，窮的富不得，富了就要不得，這是不能平等的。各作業，各人受，平等平等。

佛法是講平等的，性空平等的，但是緣起不平等的。這是菩薩讚歎佛的眞誠理性，或者讚歎諸佛的智身，讚歎諸佛，成到佛果，一切佛都如是。讚歎佛的報身，應化也都如是，各個佛隨各個的因緣，緣起諸法。這是如來的甚深智慧，這個就指著大圓鏡智說的，不論約行、約相、約性，他所作的事業、利生事業，所現的相，隨眾生機。佛給我們現萬丈的身，我們只能看見光，看不見佛的臉面，你怎麼看得到？一萬丈高，你看不見，沒有那個緣，除非你的身體也是萬丈。佛的示現一定是隨眾生的緣，這是大智慧的。

我們也是隨緣，隨緣消舊業。但這隨緣也得要精進一點，隨緣睡覺，那不行，那叫懈怠，不隨懈怠的緣，要隨精進的緣，別學慳吝的緣，要學布施捨得的緣。不要盡是煩惱，看誰都不如意，總想整別人、害別人，你要發個慈悲心，原諒一切眾生的心。眾生造業的時候，你看見是可恨可氣，你不曉得你造業的時候也如是，這樣你就心平氣和，這樣你的慈悲心才發的起來，諸佛的智慧怎麼產生？依般若學般若，從初開始逐漸的深入，乃至於行才能成就，這個細相很深了。

剛才我們講平等，涵義是平等性智、大圓鏡智，平等性智是悟於理，觀一切眾生在理上是平等的，這樣去理解，自他都是平等的。這是就理上講的，等理成就了，事上也圓滿了，那才能眞正的平等，這樣子才能夠隨三世轉。這四句是讚歎佛的法身，法身當中有智巧身、智慧身，這個智慧身裡頭，有甚深的智，就是大圓鏡智的智慧身、平等性智的智慧身、妙觀察智的智慧身、成所作智的智慧身，這四種的智慧。依著四種的智慧身，能隨三世轉，說自受用、他受用。無礙，這個靠什麼？妙觀察智。大圓鏡智是最究竟了，平等性智、妙觀察智、成所作智、成所作智把利益眾生的事業，都能夠成就，眾生都能夠得度，成就一切眾生；這得有智慧，沒有智慧，成就別人沒成就了，把自己也拉下去了，這得有智慧。一切眾生的法身的體，相同的。法身的體，隨緣所顯的相不同，這叫隨緣。

因爲相同的是空義、般若義，這是同的，就說到法身的本體上。法身的本體是什麼樣子？須菩提請問佛的時候，就請問法身，云何應住？云何降伏其心？無依無住，無住爲本。法身就是無住，沒有差別、沒有異相，法身就是一相。諸佛是證得法身，恢復了本來面目，一切眾生本具有的法身，給障礙所遮住了，不現叫隱，諸佛叫顯，但是法身是一。有的修證了，有的還沒取出來，就像礦石，金子在石頭裡頭的時候見不到金子，見到的是礦石。

「能隨三世轉，與世爲明導」，這就是如來的四智，大圓鏡智、平等性智、妙觀察智、成所作智。我們經常說佛法，一切佛法就依著慈悲，慈悲又依著什麼？

方便。如果是沒有智慧的慈悲，沒有方便善巧，不可以的；方便所依的是智，智依慧，慧是方便，方便善巧慧。慧依著什麼？依著無礙，任何障礙都沒有，以根本智所成就的智慧，一切無礙。「有慧方便解」，有了慧的方便，一切都是解脫的，沒有智慧你去行方便，那糟糕了，不但不能夠幫助別人，連自己也縛起來了，這叫「無慧方便縛」。沒有智慧的行方便，行不通的。

我們說一切法沒有什麼差別，那是籠統的，一切法都有分別的，但是有多很局限的，也有很通達的。沒有差別的，那是理，在理上可以講。這個沒有差別就是沒有分別，沒有分別的是智慧，通達理了，能得到無分別的智慧。得到無分別的智慧，一切無障礙。

關於這個道理，在〈菩薩問明品〉當中講，明就是智慧的，佛剎無分別，無憎亦無愛，佛的國土，極樂世界也好，娑婆世界也好，現在我們所住的這個也好，沒有分別的了，不是娑婆世界可憎、極樂世界可愛，那是沒有智慧的看法；有了智慧的，得了無差別的智，能證得佛果。

這個道理不是語言所能形容的，要靠我們自己的觀照，觀照從哪來的？觀照還得從學習來的。沒有文字、沒有語言，怎麼能起觀照？生不起觀照。若是沒有文字的般若，沒有語言的般若，觀照般若生不起來的。沒有觀照的般若，你能證得無差別的究竟般若智？次第還是有的。

佛身及光明　色相不思議　眾生信樂者　隨應悉令見
於一佛身上　化為無量佛　雷音徧眾剎　演法深如海
一一毛孔中　光網徧十方　演佛妙音聲　調彼難調者
如來光明中　常出深妙音　讚佛功德海　及菩薩所行
佛轉正法輪　無量無有邊　所說法無等　淺智不能測
一切世界中　現身成正覺　各各起神變　法界悉充滿
如來一一身　現佛等眾生　一切微塵剎　普現神通力

這幾個偈頌是讚歎的應身、化身。隨眾生所喜歡見的，就給他現，這個現是應，感應感應，感而後有應，想把這個感應解釋清楚是說不清楚的，因爲這是一種不可思議的境界。例如我們求地藏菩薩，代別人求，有的就應，有的就不應。有的一求靈了，靈了當然讚歎歡喜，有的你幫助別人求，不靈，不靈就罵你。不但不讚歎，還罵你、毀謗你。你這個介紹所，就很不興隆。但是看哪一方面多，靈的多，不靈的很少，看著是介紹所，這跟世間上介紹房地產，介紹生意的有所不同。

我們每一位道友，把佛所說的法向別人解說，都是介紹所，用現在的語言介紹給別人。別人他很精進，你介紹的跟他很相應，當然感激你了。你介紹他不相應，他所求的全沒得到，他不檢查他自己求的時候，感的時候，感的如何？一切眾生都不想自己，都是責備別人的時候多，責備自己的少，對自己都是原諒的。特別是在家人，人家的小孩子都不好，只有他的兒子、女兒特別好，每位道友都是這樣子的。

原諒自己的時候多，原諒別人的時候很少。別人有一點兒毛病，把它擴大好多倍，自己很大很大的毛病，小毛病原諒自己，這個毛病普通都犯的。

地藏菩薩沒有加持他，他說地藏菩薩不靈，不是像你所說的。靈了，他得到了，得到加持了，得到好處了，或者求病，病好了，兒子兒女不聽話，考不上大學，求佛菩薩加持考上了，他信。但是，他不是常信，這回信了，下回他兒子又出別的事，他說還不如不上大學，不上大學不是很好嗎？菩薩加持錯了。度眾生不要把眾生的信和他的愛樂看得很簡單。我們口口聲聲要度眾生，剛一入佛門，才十幾歲，還沒有幹什麼，寫個自傳，發願度眾生，這是學來的。根本不知道怎麼回事，就發願度眾生，先把自己度一度，度了才行。

有的佛經很深，我們要從淺處去理解，佛所成就的佛身，所有的智慧光明，所有的一切相好，是不可思議的。我們眾生生信、愛好、希求，信的程度如何？希求的達到什麼程度？這時佛光明或者佛現身才能現，你能見到。在五臺山修行好多幾十年，想見文殊菩薩，從來沒見過。妙喜菩薩他根本就沒求，他也不想見，文殊菩薩給他現，他不但沒生歡喜心，還拿那個笊籬打他一下子。

文殊菩薩說個偈頌：「苦瓜連根苦，甜瓜徹蒂甜。修行三大劫，卻討老僧嫌。」為什麼文殊菩薩還給他現？人家沒求你，見了你還討厭你，為什麼要現？這是個問題。天天求，在這兒求了幾十年，他又不現，這要大家去參。你自己不修行、不成道，能現嗎？你自己修行已經成道，他現也如是，不現也如是。現了，你能得到什麼？自己生死自己了，沒有誰能代替你。懂得這個道理，認眞的去修行。

當你悟得的理，修行所行的法門跟諸佛菩薩相契合了，自然就加持你了，有加持使你更能增上。剛才我講文喜菩薩跟文殊菩薩，這些菩薩在唱戲，讓衆生不要妄求，這也是說法。《華嚴經》說的甚深法，你把清涼山志看一看都是甚深的法。到這兒來了，看那石碑，入了金剛窟了：我們找金剛窟，門都摸不到，金剛窟在哪？只是個石碑而已，就是這樣子。諸佛的身跟光明，他的色相是不思議的。你修行感的力量達到了，你沒求，他也要現，你求他又不現。什麼道理？你是沒智慧的，不知道你的惑業消到什麼程度，也不知道你的智慧增長到什麼程度，佛菩薩他是知道的，不當現而現，對你沒有好處。

一到五臺山，以為看見佛光、看見金光。明明是太陽反射，他當成菩薩現光，拿這個就去吹噓。現在科學很發達，說他那是有背光，其實是騙財。這樣不但沒有得到好處，還造業了。

因此學法要有正見，這個非常重要，破戒了，懺悔、拜懺都能消除的。破見不容易，佛說，破戒我能度，破見我不能度。破了見了，他不信你，你還怎麼度他？知見那個見，就是你看問題的看法。為什麼要學？學才能增長你的見解，增長你的正確知見。知見對了，離成就就差不多，知見的不對，不是佛的知見，不是菩薩的知見，不是眞正佛教導的知見，跟佛所教導的不相符合，都叫邪知邪見。

怎麼認識佛的光明？怎麼樣認識佛的身？怎麼樣認識佛的色相？一樣的信，一樣的希求，程度有天淵之別。佛是佛身及他光明及他不思議的境界相，衆生要眞正信，眞正希求，佛都令他見。見了能令他增長精進，增長信心、增長智慧，增長他的福德，業障就漸漸消失了。

佛能在一身化無量的身，佛的音能徧一切諸剎，能演說甚深的法。〈如來現相品〉佛所現的身全是光明，每來集會的大菩薩，是以光明而來的。現在我們科學發達，有點類似相似，可以幫助我們宣揚佛法，很多是光，光上傳達問題。

從這裡你可以體會，一切世間相不離佛法，佛法即是世間相，佛法在世間不離世間覺。你若覺了世間，就知道都是佛法，經常作如是觀，「佛法在世間，不離世間覺。」《華嚴經》這些經文，你都可以如是理解。佛於一個身上能化無量佛，佛的一音能徧無量剎。佛所說的法都是甚深的，佛身上每一毛孔，一一毛孔都像網路一樣的。

現在我們不是講上網嗎？從這個你可以理解，上網跟佛的光網還差的很遠。不但差的很遠，根本就是兩回事。上網是用電力，佛的光網是思想的心力，假如你坐這，假使你會胡思亂想的，想到絕妙處，你會跟《華嚴經》所教導的思路相通的。什麼叫絕妙處？想到一切法空，想到一切無我，想到一切法是苦，想到一切法是無常，你就在這兒坐著想，想到究竟了，你會解脫、開悟。

但是把這所有的想，須菩提問佛，請問佛云何應住？這個心怎麼住？怎麼樣來降伏？佛教無住，無住色生心無住，不入聲香味觸法生心，應無所住而生其心。無所住還能生嗎？這就到絕妙處，想到這樣子就能解脫，眞正解脫。以下是南方法喜菩薩。

爾時眾中。復有菩薩摩訶薩。名法喜慧光明。承佛威神。觀察十方。而說頌曰。

「法喜慧」，他這光明是普照法界的光明，光明就含著照意，光明本身就含著照義，光明是沒有用心的，它就是要照，佛菩薩的光、智光也如是。光是用，佛是寂，三昧當中示現一切光明，法身顯現的應化而所觀境。

佛身常顯現　法界悉充滿　恆演廣大音　普震十方國
如來普現身　徧入於世間　隨眾生樂欲　顯示神通力

佛隨眾生心　普現於其前　眾生所見者　皆是佛神力
光明無有邊　說法亦無量　佛子隨其智　能入能觀察
佛身無有生　而能示出生　法性如虛空　諸佛於中住
無住亦無去　處處皆見佛　光明靡不周　名稱悉遠聞
無體無住處　亦無生可得　無相亦無形　所現皆如影

我們一共念了四個偈頌。意思是，無住而住、住即無住，換句話說沒有住相，是普周的。體和用不是二回事，是一回事。佛法身的體跟佛的化身、應身的用，體即是用，法界徧一切處，用也就是體。用智慧照五體，沒有住相可得，沒有一個能住的心跟所住的相，無能無所。這所說的佛體，體即非體，都是隨佛隨眾生心，而是演說一切法的，才行一切法。這是假種種的方便令他悟得，調伏他。

佛隨眾生心　為與大法雲　種種方便門　示悟而調伏
一切世界中　見佛坐道場　大眾所圍繞　照耀十方國
一切諸佛身　皆有無盡相　示現雖無量　色相終不盡

示悟而調伏的，在一切世界見佛坐道場，那麼都有菩薩大眾圍繞著，照耀十方。一身就有無盡相，示現是沒有限量。爲什麼？法身不盡故。法身所顯現的一切妙用也是無盡的，福德智慧都如是。整部《華嚴經》讚歎佛的偈頌，大體都如是，塵說、剎說都解釋不完的。

〈普賢行願品〉，十方一切諸佛，經無量劫，來讚歎佛的功德，讚歎不完的，這十方佛、十方菩薩來讚歎佛的功德，也是點滴而已。

下面是西方香燄菩薩讚歎佛的偈頌，每一方都有一位菩薩爲首的來讚歎佛的功德。

爾時眾中。復有菩薩摩訶薩名香燄光普明慧。承佛威神。觀察十方。而說頌曰。

月光香燄普莊嚴，在這個地方就叫香燄光普明慧，其實是互相的名字不同，也就是智慧莊嚴。他也是先讚歎佛身，讚歎佛的說法，說法是假問答的。

此會諸菩薩　入佛難思地　一一皆能見　一切佛神力
智身能徧入　一切剎微塵　見身在彼中　普見於諸佛
如影現眾剎　一切如來所　於彼一切中　悉現神通事

普賢諸行願　修治已明潔　能於一切剎　普見佛神變
身住一切處　一切皆平等　智能如是行　入佛之境界
已證如來智　等照於法界　普入佛毛孔　一切諸剎海
一切佛國土　皆現神通力　示現種種身　及種種名號
能於一念頃　普現諸神變　道場成正覺　及轉妙法輪
一切廣大剎　億劫不思議　菩薩三昧中　一念皆能現
一切諸佛土　一一諸菩薩　普入於佛身　無邊亦無盡

這是讚佛的德，讚你皈依佛所能得到的，讚佛的智身怎麼住於塵剎？讚佛的色身怎麼樣能普徧化現利益一切眾生？這都是普賢的行願。

讚歎當中，表現佛身、佛心是平等的，心即是身，身即是心，身心不二。乃至於以下還說入毛孔了，前面也是如是讚的，都是一切菩薩的眾會。有的從佛的眉間，這是從佛的眉間出現的菩薩，有的從佛的座椅出現的，有從莊嚴具出現的，這就是妙不可思議。這是西方佛讚歎的偈頌。第四個北方佛讚歎佛的偈頌，北方師子奮迅菩薩。

爾時眾中。復有菩薩摩訶薩名師子奮迅慧光明。承佛威神。徧觀十方。而說頌曰。

毗盧遮那佛　能轉正法輪　法界諸國土　如雲悉周徧
十方中所有　諸大世界海　佛神通願力　處處轉法輪
一切諸剎土　廣大眾會中　名號各不同　隨應演妙法
如來大威力　普賢願所成　一切國土中　妙音無不至
佛身等剎塵　普雨於法雨　無生無差別　現一切世間
無數諸億劫　一切塵剎中　往昔所行事　妙音咸具演
十方塵國土　光網悉周徧　光中悉有佛　普化諸羣生
佛身無差別　充滿於法界　能令見色身　隨機善調伏
三世一切剎　所有眾導師　種種名號殊　為說皆令見
過未及現在　一切諸如來　所轉妙法輪　此會皆得聞

過去現在未來一切諸佛，成佛之後說法度眾生的時候，在華嚴會上都能顯現。華嚴會上菩薩，華嚴會上大衆，十方諸佛所演說法，都能在這個會中聞得到。這一共是十個偈頌，一個偈頌是四句，大意都是相同的。十方佛，十方菩薩讚歎的，第五個是東北方法海菩薩。

爾時眾中。復有菩薩摩訶薩名法海慧功德藏。承佛威神。觀察十方。而說頌曰。

此會諸佛子　善修眾智慧　斯人已能入　如是方便門
一一國土中　普演廣大音　說佛所行處　周聞十方剎
一一心念中　普觀一切法　安住真如地　了達諸法海

「斯人」是指善修諸智慧的人。一個人的心念，自己都不知道一天當中生起多少個念頭，生起了好多心念？這些菩薩他們心裡念眾生、念佛果、念佛，念他的修行，那太多了。「一一心念中」，所念的都是一切法，你觀吧！心念就是思惟，思惟修，思惟什麼？觀一切法，但是把它收攝出來是「安住眞如地」，一切法不離開法性。一切法就是緣起，不離開性空，能夠這樣子觀一切法，了達一切法，「了達諸法海」。

一一佛身中　億劫不思議　修習波羅蜜　及嚴淨國土
一一微塵中　能證一切法　如是無所礙　周行十方國
一一佛剎中　往詣悉無餘　見佛神通力　入佛所行處
諸佛廣大音　法界靡不聞　菩薩能了知　善入音聲海

劫海演妙音　其音等無別　智周三世者　入彼音聲地
眾生所有音　及佛自在聲　獲得音聲智　一切皆能了
從地而得地　住於力地中　億劫勤修行　所獲法如是

前面說心念，這個說身，用你的思惟去思惟，一億大劫你也思惟不完的。以上是東北方法海菩薩，以下是東南方慧燈菩薩。

爾時眾中。復有菩薩摩訶薩名慧燈普明。承佛威神。觀察十方。而說頌曰。

一切諸如來　遠離於眾相　若能知是法　乃見世導師

這個略作解釋。佛是沒有時空觀念的，隨眾生的緣，度眾生的時候，假時空而演說諸法，實際上一切如來，遠離於諸相。完全是般若的眞空義，若能夠明白了，離開諸相，是在相而不迷，在相上而不執著。大家有個肉體，不要去執著他，不要去執著他貪著五欲，不要依著他起貪瞋癡愛，這樣你跟佛的距離就很遠很遠的，若離開諸相，就能見到佛。

這些菩薩在他三昧正定當中發出一種智慧，他能見眞佛，不是見有相之佛，能知道一切諸佛自在無礙的體性。這個偈子，一個是見佛的離相，一個是見佛的自在。在《金剛經》說，離一切諸相則名諸佛，一切諸佛不是依相轉，自在必須有定有慧的才能自在。你必須得觀，你有般若的智慧觀照，觀照一切諸法空無我，那就自在了。

大家讀《心經》的時候，「觀自在」，告訴你了，觀就自在，觀是什麼？就是三昧。菩薩他的定跟慧都具足的，定慧均等，離一切相，沒執著，沒執著就自在了。我們爲什麼不自在？缺乏觀，或者打開經本，或者聽開示的時候，或者自己念佛的時候，這就是觀。在這個時候，你自在、心不執著，煩惱消失了，就自在了。能知道一切佛自在的體性，叫眞實體，就能悟到甚深的法，普觀一切法界，法界就是一眞法界。

《華嚴經》所講的一眞法界是隨你的願力，我們則是隨著業力，諸佛菩薩是隨著願力。受生是願意受生，願意發願度衆生，那叫願力受生。我們這個受生是不自在的，業力讓你受生，因爲你被時空所轉，不能轉變時空，萬年如一日，我們對時間空間的理解，跟慧的了解不同，受到限制，因此很不自在。

有智慧，安住於智慧的，觀察這一切法，知道這一切法是假的，緣生的，緣生諸法無自性，觀察他的性。約正報說，在一切的佛土刹土中，就是佛所的依報，依報的國土。在他說法的道場當中，就是普偏的。我們講《華嚴經》的時候，七處九會，同時俱演，不是哪個時候，也不一定哪個處所。

因爲想見徧法界，見的時候如來眞實的體，儘管十方無窮無盡的佛刹，就現在我們這個時候，十方無窮無盡的佛刹，都在演說法；但是我們受時空的限制，我們不空。不空，你到不了，你到不了極樂世界，聽阿彌陀佛說法。就在這個世界，釋迦牟尼佛還在說法，怎麼辦？打開經本，這一會的法就在你眼前，應當這樣理解，把廣大的佛刹，乃至無量時間的劫，佛在這個時間勤修行，修行什麼？修行一切諸佛的眞實體性，觀一切相即是虛妄。

菩薩三昧中　慧光普明了　能知一切佛　自在之體性
見佛真實體　則悟甚深法　普觀於法界　隨願而受身
從於福海生　安住於智地　觀察一切法　修行最勝道
一切佛刹中　一切如來所　如是徧法界　悉見真實體
十方廣大刹　億劫勤修行　能遊正徧知　一切諸法海
唯一堅密身　一切塵中見　無生亦無相　普現於諸國
隨諸眾生心　普現於其前　種種示調伏　速令向佛道
以佛威神故　出現諸菩薩　佛力所加持　普見諸如來
一切眾導師　無量威神力　開悟諸菩薩　法界悉周徧

爾時眾中。復有菩薩摩訶薩名華燄髻普明智。承佛威神。觀察十方。而說頌曰。

一切國土中　普演微妙音　稱揚佛功德　法界悉充滿
佛以法為身　清淨如虛空　所現眾色形　令入此法中
若有深信喜　及為佛攝受　當知如是人　能生了佛智

不是要見佛嗎？如果信這個道理深信不已，生歡喜心，就知道這個人生起了佛的智慧。

諸有少智者　不能知此法　慧眼清淨人　於此乃能見
以佛威神力　觀察一切法　入住及出時　所見皆明了

沒入得清淨，不能知道法界的理體，不能生出佛智來，沒有智慧、沒有慧眼。這個法是有慧眼的，清淨的人他能知道，他能見到。佛是以他的威神力觀察一切法，一切法的入住出，三世，入此法、住此法、出此法的時候，皆能明了。

修觀念佛的時候，能念的時候就是入；曉得佛跟自己，體性是一個的，沒有佛的莊嚴相也沒有自己的業障相，就是一相。一相是什麼相？無相，也就是空相，這樣就能夠成就一切智慧，深入佛的法海。

現在我們還不能夠深入〈疏鈔〉跟〈合論〉，那就依著經文。如果看〈疏鈔〉，看〈合論〉，你更鑽到茫然不可知的道理，他一給你分多少科，再一解釋，離這越遠。那是專爲一些學者分析的，我們就直截了當，依著經文簡單的說，佛是不動本地而徧往十方。

一切諸法中　法門無有邊　成就一切智　入於深法海
安住佛國土　出興一切處　無去亦無來　諸佛法如是
一切眾生海　佛身如影現　隨其解差別　如是見導師

一切處都有佛在說法，而且無去無來，沒有去來之相，一切諸佛法都如是。佛法是覺法，我們說淺顯一點就是明白的方法。我們受時間空間局限，因爲我們有這個肉體，不能把他觀成空，不能變成無障礙，那就沒有辦法；等你變成無障礙，就有辦法了。等你到一切時處，一切時間都可以，一切處所都可以，沒有差別的，要這樣來見佛。

一切毛孔中　各各現神通　修行普賢願　清淨者能見

如果你沒有證到般若義、證到空理，你見不到的，沒有慧解。寂就是入正定，深入的大定，而且從寂而產生的用，莊嚴國土也好、度眾生也好，這全是用。在佛的寂是定，用是慧，他是定慧均等，無二無別，定即能生慧，慧即是定；徧一切處徧一切處說法，沒有三十年、五十年、一百年、二百年、一億劫、兩億劫。儘管經上說，多少大劫，時無定體，就是你現前一念心，「心生則種種法生，心滅則種種法滅」，所以佛是徧處的，而沒動於寂，沒動於定體。

所以才在一切毛孔中現無邊的世界，無邊世界就是佛說法的處所，有世界就有眾生，有眾生就有佛在那說法，這是神通力。依著佛往昔的普賢願力，這樣看佛的一一身，就是千百億化身的一一身，都在轉法輪。

佛以一一身　處處轉法輪　法界悉周徧　思議莫能及

這不是你思想所能想得到的。前面跟大家講，你就是胡思亂想，也沒有出法界。在佛，就是無邊妙用，就是智慧，在我們就是胡思亂想，胡思亂想沒轉變之前，是業。但是胡思亂想有善，想成佛也是胡思亂想，想淫怒癡也是亂想，想戒定慧還是亂想。

文殊師利菩薩問維摩詰居士，如何是佛的清淨無上道業？維摩詰不從正面答，而是從反面答，淫怒癡。大家如果看過《淨名經》的就知道，每個經論說這種道理的很多。「無不從此法界流，無不還歸此法界」，戒定慧、貪瞋癡，利益一切眾生，無量無邊的法門，佛是沒有作意的，隨眾生緣起的。我們眾生，無論你幹哪一件事，都是胡思亂想。現在我們是胡思亂想，鋪路修磚、整理環境，搭架子、拆架子，種花、種樹。但是一轉變了，全是順法界，「無不從此法界流」，順法界就轉變了，轉變了他就是聖境。在諸佛是殊勝行，假使沒有一個智慧指導，那是妖魔鬼怪。《華嚴經》講的境界是深入的。什麼叫深入的？把一切的惡法都作為善法對待。在諸佛看我們眾生，沒有不可度者，在我們眾生對待眾生，認為自己是清淨的，別人是污染的。

二乘人、權乘的菩薩又不同，大乘的菩薩也不同。維摩詰答那個，完全是大乘菩薩，他現的是一種逆境，逆境就是淫怒癡，順境就是戒定慧，順和逆都是一個體性，不是兩個，沒有兩個。所以佛在一一毛孔中都能現神通，示現利益眾生的行，都是普賢行願，這種道理清淨了，才能知道。

爾時眾中。復有菩薩摩訶薩名威德慧無盡光。承佛威神。觀察十方。而說頌曰。

這是西北方無盡光菩薩摩訶薩，光是從智慧生長的，前面講的是智慧，現在講是光明，光明也是智慧，智慧也是光明。他所誦的偈頌，理上跟前面的無差別，無盡光摩尼王跟威德慧無盡光，涵義是相同的，這個叫威德慧，那個叫摩尼王。這個法跟那個欲，法本無差別，加比喻而顯示，那就種種的差別。顯示供養具，目的是供養，你供養的是花，我供養的是燈。總而言之是供養具，在供養具上是同。阿彌陀佛在極樂世界度眾生也是度眾生，釋迦牟尼佛在娑婆世界也是度眾生。度眾生是同，所度的眾生業有深淺，障有厚薄，深淺厚薄不同而已，意思是一樣的。

一一佛剎中　處處坐道場　眾會共圍繞　魔軍悉摧伏
佛身放光明　徧滿於十方　隨應而示現　色相非一種

為什麼？色相非一種，色相是隨緣的。緣起無盡的，眾生多種多類的，佛以色相度他，必須示現他所信樂的，這就不同了。

一一微塵內　光明悉充滿　普見十方土　種種各差別
十方諸剎海　種種無量剎　悉平坦清淨　帝青寶所成
或覆或傍住　或似蓮華合　或圓或四方　種種眾形相
法界諸剎土　周行無所礙　一切眾會中　常轉妙法輪

講世界種，世界有圓形的，有長方形的，有扁的，或者現蓮花形的，或者覆蓋的，或者傍住的，種種剎土的形相，不一樣的。在法界之內一切剎土，在佛周行無礙，在這個剎土中，依著說法的處所，再加著有聽衆、聞法之機，就給他們轉種種法輪。

佛身不思議　國土悉在中　於其一切處　導世演真法

一般的說，身在國土中，佛的不思議身，在無窮無盡無邊的國土中。「於其一切處，導世演眞法」，引導世間演說的法都是眞實的，要顯他這個本體，顯佛的本體，顯衆生的本性，所轉的法輪是不同的。

所轉妙法輪　法性無差別　依於一實理　演說諸法相

法輪很多的，所以說種種的法，但是法性無差別，無非要顯這個體。這個體是什麼？「依於一實理，演說諸法相」，法性是一，法相就不是一，種種樣樣的，有的說布施，有的說持戒，有的說智慧。

佛以圓滿音　闡明真實理　隨其解差別　現無盡法門
一切剎土中　見佛坐道場　佛身如影現　生滅不可得

圓滿音，假種種的形相，假種種的法門，顯示的理就是一個，眞實的，但是佛講的是一音演說法，演說眞實理，「隨其解差別」，衆生的理解力可就不同了，有深有淺、有大有小、有遠有近，他生起分別。「現無盡法門」，佛現的是無窮無盡的。這裡頭在坐相的菩薩，在眉間放光的菩薩，出處不同。在眉間現的，在寶座現的，但是這些菩薩所證得的理都是臨近於佛，證的理是同的。佛說的一切法轉化一切衆生的，約性、約相，目的只有一個，達到究竟圓滿，證得佛的果位，究竟成佛。

佛說的法是圓音，而衆生聞法可就不圓了。例如說我們講戒，戒的功能是防非止惡，什麼是惡？要防什麼？一切惡是現相，不是本質，那惡的本質是什麼？你持戒是現相，破戒也是現相，持戒、破戒就是一個戒，戒的體還是一個，他沒有個破也沒有個持。

佛給你演說的時候，這樣是破戒，這樣是持戒，這是約相，不是約性，性中沒有，沒有持與破。有個偈頌說，「若人欲了知，三世一切佛，應觀法界性，一切唯心造」，但是特別注重應觀法界性，這個觀法界性的時候，沒有地獄也沒有天堂，也沒有六道，一切都是一個法界性。體性皆無盡，他的體跟他的本性，就是如是如是，一個隨緣、一個不變，一個隨緣染了，一個隨緣不變了，沒有染，染了的是相，性是不會受染污的，他也無所謂的染，也無所謂的性，無所謂的淨，也就是沒有相對的法，體性是一個的。

以下是下方普明菩薩讚歎佛。

爾時眾中。復有菩薩摩訶薩名法界普明慧。承佛威神。觀察十方。而說頌曰。

如來微妙身　色相不思議　見者生歡喜　恭敬信樂法
佛身一切相　悉現無量佛　普入十方界　一一微塵中
十方國土海　無量無邊佛　咸於念念中　各各現神通

如果是圓人，他所理解的，就是我們開始講《華嚴經》所講的，相信自己的體性，相信自己就是毗盧遮那佛。就這個信，是圓信、圓滿的信，如來所有現的一切微妙身，這些色相是示現的，爲什麼說不思議？隨眾生心而現的，九界眾生，各有各的願望，各人有各人的境界。那佛的身就微妙了，隨你想見什麼就現什麼，大概看你的淨業重？染業重？淨業重，現的相好光明就微妙。染業重，就連我們見一個銅相、一個木頭相、一個泥相，都很不容易。有的人見一切相都是圓滿的，他見著生大歡喜，有的分別心，那個這個相塑的好，這個相塑的不好，有這種分別心，好莊嚴，生歡喜心；見那相塑的不好，這鼓一塊，那癟一塊，他心裡就生煩惱了。相由心生，心生就種種法生，這個相絕對隨眾生心而現的。

大家可能看過泰國造的像，泰國造的佛像跟我們造的一樣嗎？西藏造的佛像，西藏很多大活佛、大喇嘛，他自己造的佛像，是從他的心，從他的學佛的智慧，乃至於修道的感應。他造的佛像，說他那佛像有加持。有的拿泥巴捏的，塗上點顏色，有的我們看起來不怎麼莊嚴，但是他說有加持。你一聽到他說有加持，這個像好！好在哪裡？有加持，你得到了嗎？加持你什麼？我看印度原來的像，看中國的像、日本所造的像，是日本跟朝鮮離著那麼近，韓國所造的像，跟日本所造的像不一樣，造像是隨眾生心，相似造像的那個人的心。

我到寧波問那造像的，我說：「你心裡造像，常生歡喜嗎？」他說：「哪有？欠人家的債，人家逼的不得了，造像的時候，心裡還煩惱著。」我說：「那好了，你這個煩惱就生到像裡頭了。」

相由心生，心生則種種法生，心滅則種種法滅。爲什麼佛看一切眾生都是佛？佛不討厭眾生，眾生討厭佛。在我們這裡五六百人裡沒有討厭佛的，都是他的弟子，相信佛。你到美國，到基督教、天主教、回教，他們看見釋迦牟尼佛，煩惱的很，他認爲你跟他爭教徒，一切人看的就不同了。

有人把佛像的腦殼砍掉，把佛像丟到廁所，各個業不同。佛會不會報復？佛從來沒這個思想，佛成就了，他曉得眾生的業。那個微妙色身不可思議，見著那個色身都生歡喜。但是得是恭敬信法的人，佛身的一切相，就是無量佛，每一相都是佛，普入十方界，在十方界裡頭，一一微塵中十方的國土海，有無量無邊的佛，心生種種法生，心一生就是一切佛。

我跟我們勞動的道友講：「你在這裡幹什麼？」鋪磚，或者修路，因爲他心裡沒有想到，這是莊嚴佛淨土。我跟他們開玩笑說：「你們已經失念了，勞動是勞動，念頭已經失掉了。」你這個勞動就是勞動，勞動就變成了勞動，其實勞動不是勞動，無論每位道友你做什麼，都把它往佛法僧三寶上會，幹什麼？莊嚴佛淨土，令衆生歡喜。

大家爲什麼這麼緊張？馬上就要打千佛齋，讓人生歡喜心！這裡有沒有假的混進來的？每次供千僧齋都有很多假的混進來，假的也會變成眞的，只要往這裡會，混到這裡，就是佛，變了千佛，混到台懷鎭就變了羅叉，變了阿脩羅。這有什麼不同？心念不同。

像我們在這裡講經，講經聞法功德大？在外面搬磚運瓦的功德大？修路的功德大？誰都說聞法功德大。是這樣？在那修路就白修了，累得滿頭大汗，還沒人坐在那清清靜靜的，功德又大。道理怎麼講？道理就得講道理，講什麼道理？菩提道。諸佛現一切身，說一切法，平等平等。你在這聞法，心裡胡思亂想，已經不是道；他在那搬磚運瓦，心裡盡想著莊嚴佛淨土，他的功德大，你的功德沒有，不但沒有，還造罪。他在那裡修路，煩惱了，心裡罵，「不公平，他們在裡聽經，讓我在這勞動！」像小孩子最初家裡讓他念書，他說：「你們在家裡吃飯、玩樂，讓我去念書，我不幹，我不去。」

我碰見好多這樣的小孩子，但是他是小孩，不是大人。我們都是大人，不是菩薩，只是人，不是菩薩。若發了菩提心，念念在菩提道。搬磚運瓦，讀經拜佛，平等平等，看你的心怎麼用。將來我們講到第十一品〈淨行品〉，文殊師利菩薩答智首菩薩說：「善用其心！」問題就是你的心在想什麼？

這都是文字相，文字相所含有一定的道理，但是，你的心跟這個文字相，合不合？不合，這個文字對你沒用處。合了，你生了感動，佛的色相是不思議的，誰見到之後都生歡喜。佛身的一切相，每一相都是佛，能現無量佛，普入十方法界。一一微塵中，十方一切國土，無量無邊的佛，在你念念中念佛，念念中諸佛現神通。

大智諸菩薩　深入於法海　佛力所加持　能知此方便

這個佛現的微妙色身就是方便善巧，大菩薩體會得到，若是自己發菩提心，安住菩提道，行的是普賢行願，現一切所有的佛國土，都是佛力所顯現的。若是有信心的、明了的、覺悟的，他以一切大願力，甚深的智慧，能夠通達了知一切法。

若有已安住　普賢諸行願　見彼眾國土　一切佛神力
若人有信解　及以諸大願　具足深智慧　通達一切法
能於諸佛身　一一而觀察　色聲無所礙　了達於諸境

不爲色聲音所障礙，色是相好莊嚴，聲是佛所說法的演音妙音。

能於諸佛身　安住智所行　速入如來地　普攝於法界
佛剎微塵數　如是諸國土　能令一念中　一一塵中現
一切諸國土　及以神通事　悉現一剎中　菩薩力如是

無量的佛國土就在一剎中現，甚至在一個相上現，甚至在一念中現。現一剎中，就是現一切國土當中，現一念中就是現的正報當中，這是菩薩的道力。以下是上方精進力菩薩。

爾時眾中。復有菩薩摩訶薩名精進力無礙慧。承佛威神。觀察十方。而說頌曰。

這十位菩薩都有個「慧」字，沒有智慧不能入的，得有智慧。

佛演一妙音　周聞十方剎　眾音悉具足　法雨皆充徧

佛的妙音就像下雨一樣，說的都是法。

一切言詞海　一切隨類音　一切佛剎中　轉於淨法輪

如來一音演說法，眾生隨類各得解。各得解就是一一隨類因，隨哪一類有哪一類的音聲。「一切佛剎中，轉於淨法輪」，轉的都是清淨的法輪，除垢的、除染的。

一切諸國土　悉見佛神變　聽佛說法音　聞已趣菩提

在一切國土中都能看見了，佛所現身各種神變。「聽佛說法音，聞已趣菩提」，聽到佛的法音，看見神變了，看到了，聽到了，趣菩提也趣向覺悟。

法界諸國土　一一微塵中　如來解脫力　於彼普現身

法界當中無窮無盡的國土，每一國土都是無窮無盡的微塵所成的，如來無障礙力、自在力，有時說自在力，有時候說解脫力。解脫才能自在，自在才能解脫，文字上變化，義理上是一個。因爲解脫了，自在了，才能現出無邊的力量，才能隨衆生演說諸法，令衆生證得法身。證得法身，法身像虛空一樣的，才能無障礙，無障礙才能沒有差別。

法身同虛空　無礙無差別　色形如影像　種種衆相現

所現的形相是色相，那種種相不是法身，法身是實的，現相是虛的，虛的是假的，是幻滅的。

有時候幻相而塵剎，時間很長，有的幻相很短。我們經常用那個比喻，一般的水池中，早上有種蟲子生出來，叫蜉蝣，說人以百歲計算，人的壽命最長的活到一百歲。那蜉蝣早上生了，晚上就死了，牠也是一生，人活著百萬三年六千日，跟牠是平等平等平等的。在蜉蝣牠感覺著很長很長，也像一百年，早晨生了，生的時候涼快一點，中午要熱一點，晚上又涼快了，到了晚年，牠該死了，也如是。所以把人生跟蜉蝣打比，要這樣來認識，認識虛空，認識法身，認識現有的現實世界。

影像無方所　如空無體性　智慧廣大人　了達其平等
佛身不可取　無生無起作　應物普現前　平等如虛空

影像有什麼方所？假相，空相。空也如是，空有什麼體性？「智慧廣大人，了達其平等，佛身不可取，無生無起作」，取是執著，不要在佛身上執著。佛是無生，無生也沒有什麼作，沒有起作也沒有度衆生的作。《金剛經》上說，佛對須菩提說，若見我度衆生，那就有我相、人相、衆生相、壽者相。說是無我相、無人相、無衆生相、無壽者相，也沒有阿耨多羅三藐三菩提可得，也沒有阿耨多羅三藐三菩提法可說，這是法身境界，按空相義說。但是還有不空，不空是什麼？報身化身，因爲衆生不空故，讓衆生說法，也達到這種法性空義，就是究竟成佛。所謂「平等如虛空」也是這樣講的。

十方所有佛　盡入一毛孔　各各現神通　智眼能觀見
毗盧遮那佛　願力周法界　一切國土中　恆轉無上輪
一毛現神變　一切佛同說　經於無量劫　不得其邊際

這十位菩薩都讚歎完了。

◎結通無窮

如此四天下道場中。以佛神力。十方各有一億世界海微塵數諸菩薩眾。而來集會。應知一切世界海。一一四天下諸道場中。悉亦如是。

「四天下」是南贍部洲的一部份，佛欲令一切諸菩薩都證得這種境界，如是演說。

這一段經文說佛眉間出現的毫相光明，每一菩薩都帶著無窮無盡的光明，這些光明就照耀十方，這十方所含藏的就是一切菩薩的光明，一切光明歸攝到如來眉間出現的光明，一切的十地菩薩，在這個行教化眾生、隨順佛意。

因爲在佛的眉毫相光出來的眾菩薩，有世界微塵海那麼多，以他爲首的，就叫法勝音，一切法勝音。說十地菩薩的果位滿了，悲智雙運，圓滿成就究竟的果德，一切無障礙。在法會當中所有來的，〈如來現相品〉，所有在法會當中問的，那些菩薩心裡想的，沒有說。他心裡想的，佛就都給他答覆了，佛的像、佛的放光明，就代表他的問，也表明佛的所答。不但現在，乃至於未來，希望一切聞法者，信這個十地法門因果。

前面我們講初地到十地，佛在光明當中所現的，在〈疏鈔〉裡頭說華現所由來，爲什麼現這個華？華又具足各種嚴飾，毫光所出來的大眾坐在蓮華上，那蓮華也是化現的，明勝音菩薩爲主，餘者爲伴。上首菩薩勝音菩薩的德，這些來的菩薩跟他都是相等的，勝音菩薩的德是從佛得來的，白毫相光裡頭來的，明勝音菩薩對大眾所說的法，所說的法就是讚歎佛，讓一切眾生學佛。

總之，這段經文就是佛的毫間出現一切的諸菩薩，這諸菩薩又依佛的教導，放種種光明，又說種種法，這就是〈如來現相品〉。

〈如來現相品〉之後就講「普賢三昧」，佛果如來出現的果德，是怎麼成就的？是依普賢行願的三昧，這叫普賢三昧。

如來現相品　竟

普賢三昧品

○來意 釋名 宗趣

現在講《華嚴經》〈普賢三昧品第三〉這一品的來意，前面〈世主妙嚴品〉，所有法會的先行者，護持華嚴法會的諸天諸大菩薩，有十方刹海微塵數那麼多。

這一品的大意是什麼呢？現在聽法的大衆都到了，在默然請法，如來就放光作答。放光的時候是法主，毗盧遮那現在開始說法，毗盧遮那在定中加持普賢菩薩，普賢菩薩也入定，領受十方法界一切諸佛菩薩加持，這是這一品的來意。

普賢菩薩是這一會說法的法主。「普賢」是法主，所來法會的大衆是聞法者，「三昧」是普賢的業用，這種業用不是有一定證得的、了解法性體性的聽衆，普賢菩薩是不說的，所有三昧的境界，非正不宣。

三昧境界是什麼呢？是普賢菩薩所有的，名爲普賢三昧。那說明這個三昧，唯獨普賢菩薩所有，這個三昧叫什麼？就叫普賢。普賢三昧，一切如來藏身的普賢，爲什麼加個「一切如來藏身」？藏者是含藏義，含藏什麼？含藏十方一切諸如來，這個普賢菩薩的三昧是普十方的一切諸如來，所加持的，普賢即是三昧，三昧即是普賢，叫普賢三昧。

每說一法都要達到一個目的，我們每做一件事情，都要有所求，希望成就。這個希望成就什麼？法界佛為宗。法界佛是他的目的，是他的宗旨。他入的普賢定，另一個名字就叫法界定，法界定是一切法界諸佛所加持的，令法界一切的衆生都能成就法界的德行，這就是目的。要解釋〈普賢三昧品〉，先解釋名字，後解釋義理，再隨著經文解釋。

「普賢」的意思是悟得法界，深入法界的理體，能夠普遍於法界之內所有一切衆生，給他們說法，使他們能夠究竟成佛。因為普賢的智慧是隨著衆生的根，衆生不論是什麼根基，都領受了普賢的法，但是領受的深淺大小長短不同，這就叫「賢」。理智無邊叫「普」，智隨一切衆生就叫「賢」，悟得性空究竟的理體叫「普」，緣起諸法叫「賢」，這叫「普賢」。

「三昧」呢？「三」就翻為「正」，「昧」就叫做「定」，「三昧」就翻「正定」，有的地方翻為「正受」。正定是有定力，定者是不亂的意思，能領受一切諸法，憶持不失，這是「正受」，又叫「等持」。等持的意思就是平等，一切法平等平等，持之不失，叫等持。因為有了正定才能發出智慧，這個智慧就叫正慧，等一切法，持無量義。關於「三昧」，翻譯的名詞很多，各經說的不同，也叫「三摩地」，也叫「三摩提」，都是「正定」的涵義。

有的翻「直定」，直定就是正心所行的處所，把疑慮心、攀緣心都洗下來了，心定一處而不動，這叫「定」。正受領觀的一切法，領觀的一切法就叫「受」，把你的心調伏的一點不躁動，說「直心是道場」，一點彎曲沒有，是定；一般說心不散，也叫定。

「受」，就是你所觀的普賢行法，普賢三昧法，包括普賢的一切法，都叫受，而且是直心正念眞如，這就是一切法所依的。這個叫正心行處，正心所修行的、所觀想的、所緣念的處所。

除此之外，他的緣念思慮都停歇了，一切心念凝結了，善心住於一處而不動，這就叫三昧。正受就是根據「三摩鉢提」，翻成華言叫「正受」，從涵義翻譯的叫「等持」。遠離一切邪思的妄想，領受正所緣的境界相，是「正觀」。這叫入定了。定力，由定產生一種力量，使你的身心有一種感受，這種感受是領納爲義，非常的安和，非常的平順，這是什麼境界相呢？時空無礙。

從華嚴三昧，乃至普賢三昧，這就是境界相，沒有作意，這就是正受的境界。有定力的人邪思雜亂都沒有，這是一個正，無念無想；但是納法於心，一切法都用心來體會，這叫受。心定了，離了邪思雜念，妄想了，這就稱爲正，無念無想納法於心，無念無想領受法於心，這叫受。就像鏡子，無心現一切物。鏡子是無心的，因無心而現其物。這是「正受」的涵義。正受就是心念都歇下來了，緣慮沒有了，這時候就叫三昧，跟三昧相應了，這個受叫眞正的受，受是三昧、三摩地，或者說禪定，因爲普賢菩薩三昧的緣故，普賢菩薩爲佛的大智大行的親子，一切諸佛的萬行徧周。這是依普賢行，爲諸佛的長子。

前面的問答是菩薩心念，佛總結有三十七個問題。在無量菩薩都有問號的，誰來答呢？普賢菩薩來答，這是略答，到了〈離世間品〉，普慧菩薩問兩百，三十七問都在裡頭，普賢答兩千，就是普慧問了兩百問號，他把這個問號假什麼例子來比呢？普慧雲興二百問，普慧菩薩像雲彩問的問題特別的多，問題特別複雜，像雲彩一層一層的興起，所以說「普慧雲興二百問」，問了二百個問題，「普賢瓶瀉兩千酬」，普賢菩薩的答就像瓶子倒水一樣的，問一答十，問一答十。這種智慧，在佛放光時已經答覆了，但有些菩薩不一定能理解到，普賢菩薩再重覆說。

在三十七問的當中，問題都是一切菩薩怎麼樣修行，把修行形容的像海一樣，怎麼樣出離？二種出離。一切菩薩所信的神通智慧，一切菩薩所修的波羅蜜，種種的問號，在普賢菩薩入定，入普賢三昧，一入定了，放些光明，把這些問題都答覆了。

◯釋文

◎三昧分

爾時普賢菩薩摩訶薩。於如來前。坐蓮華藏師子之座。承佛神力。入于三昧。此三昧名一切諸佛毗盧遮那如來藏身。

眉間菩薩所問的問題，普賢菩薩在這個地方作答，答的時候把這些問題分類一下，在定中，就把這個問題歸爲一個類，這就是普賢三昧的來意。

〈普賢三昧品〉這一品都有因緣，在普賢菩薩答的時候，無論動境、亂境、順境、逆境，都是眞的，因爲從一眞法界而起的，這就是軌則，是等持。一切法等持，就是這個涵義。教化一切衆生，所有衆生的問號，把他總結起來，以三昧來分析略解一下，就是善哉一切衆生的業，業就是所有因緣的生起，也是因緣的還滅。所以要入定，入定就是把這些菩薩所問的問號，歸結一下。

這個三昧還有一個名詞，「一切諸佛毗盧遮那如來藏身三昧」，這個三昧的名字集中爲普賢一身，所以叫普賢三昧。一切諸佛毗盧遮那如來藏身，先講講「毗盧遮那」。「毗盧遮那」翻成華言，「廣大、生息」，生生不息；一般則是說「光明徧照」。

什麼是廣大生息呢？慈悲無邊，光明徧照；慈悲無邊，就是慈悲無邊所生起的種子，建立起來九趣眾生，這段經文說九趣眾生，這叫廣。智慧無上，本覺現量。一切諸佛都如是，諸佛平等平等。所以叫大。

什麼叫生息呢？生相已寂，一切生相息滅了，染和淨、苦和樂，所不能動，這叫息。我們經常說，「息滅貪瞋癡，勤修戒定慧」，那只是息半邊，這個息，連戒定慧都息了。貪瞋癡沒有了，戒定慧就沒有用處，戒定慧是對著貪瞋癡說的，半邊息了，那半邊也不存在。一切諸法，新新生故。舊的沒有了，新的又生起來，這叫生，生生無盡，這叫如來藏身，身就是體，是一切所依處，我們是本具的、沒有修成的；諸佛是修成的，不但本具有，他又修成得了，這是說修成。

一說到本性，無論凡夫、聖人都具足的，平等平等。在《涅槃經》說：「離有常住，故名如來。」離開有才能叫常住，常住的本性就是藏識。我們經常說佛的身是萬德具的，含攝佛出纏的法身，不在纏了，法身在纏，名爲藏，法身離纏，藏就沒有了。

在經論上，這叫空和不空，空爲能常，常是什麼呢？就是不空。這是解釋三昧的名字。在這裡只是說個名詞，大家不要深追，因爲《華嚴經》以後所講的都是這種道理。這種道理，一個講眞如，在〈起信論〉上講，依著眞如有二種涵義，一個是如實空，一個是如實不空，如實空究竟顯實，如實不空是寂於自體，本具足的無漏性功德，〈大乘起信論〉一部論就談這兩個問題。很多經論也是談這個問題，這是解釋普賢三昧的。

空才能容一切，這叫能成。空從本已來，一切法染法不相應，離一切諸法差別之相。如果虛妄心沒有了，眞如自性的理體，不是有相也不是無相，甚至非非有相、非非無相，非一非同。這名詞很多，我們主要是講普賢三昧，知道這個三昧的涵義。我們經常說自性清淨心是空義，他是不與妄合的，不與妄合才叫空。性具萬德就叫不空，離了妄心，妄心不存在，你還空個什麼呢？實實在在，沒有可空的。這個是顯示空藏。

因爲虛妄諸法才顯著不空藏，一個是染，一個是淨，翻染成淨，無漏的性功德。說不空是顯法體沒有虛妄，跟眞心相等。

本有的檀波羅蜜，再加修成的叫布施德，那就度了慳貪；本有清淨的德，隨著五欲就變了，變成不清淨了。本有的忍，因爲有瞋恚，把忍德就變了染法，變了瞋恚之心。本有的精進被解脫給變了，變成了懈怠。本有的寂定，因爲心裡頭亂想，就不定了。本有的大智慧，因爲愚癡就把智慧給遮蓋了。你現在知道一切諸法無有慳貪，隨順法性而修行就能達到施波羅蜜，一切諸行都如是，六度萬行都如是。

什麼是「毗盧遮那」呢？「毗盧遮那」就是以我們能觀的智慧，能觀的大智，觀所觀的理，什麼理呢？如來藏身，這理有，智方能照，理沒有，智所不照。「毗盧遮那」在本有眞實的識知，徧照法界故，這叫本覺。迷了就不知道了，用也就沒有了，用不上了，人人都是毗盧遮那，用不上了，不得其用。爲什麼？因爲你不覺了。覺了，就是爲即無爲，作即無作。無所不爲，爲即無爲，無所不作，作即無作，但是無作而作，無作而要去做，這就是諸佛。凡夫跟這相反。如來的體性是離於依報、正報，如來藏另外沒有個自體。賢首菩薩對這個解釋，說諸佛徧於一切處，顯一切諸佛，他能夠周徧法界刹海。諸微塵中，一切刹海的每一粒微塵。復有無窮無盡的刹海，如是重重不可窮盡。毗盧遮那佛能夠徧照這一切，無不窮盡。

這是不迷、出纏的，不是在纏的，出纏的眞如跟在纏的眞如不同的。如來藏身，就是徧於塵刹這個身，給一切衆生做緣，做一切衆生翻染成淨的緣，包容所有徧法界刹海，那就翻過來說，法界的刹海都在如來身中，所以叫如來藏身。毗盧遮那就含藏這麼多。

說現實一點，我們現在這裡五六百人，都在如來藏身所含藏之內的，這僅僅是一微塵，總和起來也無非一微塵，這叫融通，通達無礙，融爲一體。這個境界相上，身徧刹海，刹海在身中。身裡有無量微塵，無量微塵每一身都有一個刹海，每一個諸佛無窮無盡的刹海，徧一切刹海又入你的一身，入你的一微塵，這叫融。融攝無礙，無障無礙，這就叫普賢三昧定的方法。悟入此定，以意身為身。「意」，我們說意念，意念為身，這個身就包刹海，塵刹一切諸塵，這是客塵。

客塵是不存在的，為法身所藏，不沾法身的邊。法身又徧於一切塵，這塵是微塵，是法身？還是非法身？此是迷悟之間的，悟得了，一切塵刹皆是法身，一微塵就是全體法身。迷得了，事事有礙，不但這個徧不了，連你自身的問題都解決不了，這叫不自在。你不融通，就不自在，能夠融通一切都自在了。所以普賢菩薩的三昧，普入一切佛的平等性，能在法界示現一切的影像。

普入一切佛平等性。能於法界。示眾影像。廣大無礙。同於虛空。法界海漩。靡不隨入。出生一切諸三昧法。普能包納十方法界。三世諸佛智光明海。皆從此生。十方所有諸安立海。悉能示現。含藏一切佛力解脫諸菩薩智。能令一切國土微塵。普能容受無邊法界。成就一切佛功德海。顯示如來諸大願海。一切諸佛所有法輪。流通護持。使無斷絕。

普賢三昧是什麼三昧呢？普入一切佛平等性，能於法界示現衆相、衆影像，這就是三昧具體的涵義。

依著如來藏解釋說，有十門。十門又分成六對，體用、深廣、出納、境智、依正含容、成就攝持。這是眾生與佛的本性，眾生的本性與佛的本性，沒有什麼差別的，這是說性體。

若說佛果，不平等了，佛果不是相，佛果是修成的。在性上是平等，在相用上就不平等。所以說「如來藏身」跟「如來」還是有區別的，跟如來的性體，有所區別，一說到性體，跟「如來藏身」不同的。入了平等性，跟佛契合了，契合佛性，這產生的一切用，叫勝用，能夠示現給一切眾生作依，給一切眾生平等作依。佛是沒簡擇的，不是說看哪個眾生好，哪個眾生不好，佛沒有分別，沒有差別。哪個眾生能隨順，就能入佛性，哪個眾生不隨順佛性，違背佛性，就不能入佛性；不是佛的方面，而是眾生的方面。所依的平等，能依的就不平等了。能依的心理狀態，能依的身、口、意，有很多差別的，所依的佛平等性法身沒有差別。所以普入一切佛的平等性，能於法界示現眾生的影像，這個影像所見的就不同了。

佛沒有這種想法，說哪個眾生能見我全身，哪個能見我的一部分，哪個能聞到我的名號，哪個聞不到我的名號，這不在佛邊的事，這是眾生邊的事。

佛的境界相是什麼樣子？廣大無礙，同於虛空，虛空是什麼樣子？佛的境界是廣大無礙的，一切眾生隨緣而入。我們一說「廣」，「廣」的涵義很深的，不是像平常說的那個廣，這個「廣」就是形容無邊無際，不在內也不在外，不離開內也不離開外。「大」者是無上，究竟達到實際，無礙是無所障礙，像虛空無所障礙，就是行的通，這是廣大無礙。

「出生一切諸三昧法，普能包納十方法界。」這裡頭什麼相都有，出生一切諸三昧，當然不是一個三昧。但是普賢三昧包含著一切諸三昧，一切三昧從此生；普賢三昧為一切諸定之本，能夠攝無量法門。

三世諸佛的智光明海，皆從此三昧生。十方所有的諸安立海，世界種種安立，這種安立是不可思議的，都能在普賢三昧示現。說到「安立」，大致分三種。

第一種是「世界安立」，世界安立就是依報，依報就是剎土，世界安立。「聖教安立」，佛所有化度眾生的一切教授、一切示現，所有一切成佛的方法，這法含著無窮的妙義，一般的賢達智者能理會到義，但領會不到妙，那得地上菩薩。

佛在依報中說正報，在正報中說依報，依報即是正報，正報即是依報，依報能演說無量諸法，像我們說極樂世界，七寶行樹、七寶羅網，甚至於一切鳥、迦陵頻伽等，都演說妙音；樹跟剎網，跟蓮華，無情都在說妙法，這種安立是依報跟正報之間的。這一圓，一切圓，這叫世界安立。

第二種是「聖教安立」，聖教安立就是要有次序，祖師判教，判佛一代時教的時候，大致上分，說阿含十二年，說方等八年，說般若二十二年，《華嚴經》只說三七天，這是安立，這是妙，但是我們不能理解。在《華嚴經》，《阿含經》所說的道理，《華嚴經》都說了，在《阿含經》若體會到四聖諦，把這個諦發揮起來，也就是華嚴，這就是妙。

我們在義上只懂得一部分，妙就不知道了，「聖教安立」的妙義，我們知道的很少，往往產生謗佛、謗法、謗僧，因爲學習的不夠。以持戒法門爲例，這是尊重佛所教授的，但是往往因爲持戒，謗毀他法，自己不曉得謗毀的罪。讀誦大乘的，對於持戒的產生謗毀，這也是錯誤的，沒有理會佛的妙，妙義裡頭含藏著，佛是對哪一類根機說的哪一法，並不是一切聖教都對這一個人說的。以什麼樣的機緣，什麼樣的根機，給他說什麼樣的法。所以佛說法是應機說法，這不是社會上的投機。

我們只知道局部，甚至於連義理還沒有完全通，更說不上妙，連「妙」字都談不到。「妙」字就是不可思議，說小的時候含著大，說大的時候也是說小，小大無礙，這是相對的，圓人授法，無法不圓，偏人授法，《華嚴經》也不圓了，他把《華嚴經》解釋成一邊了。

第三種是「觀智安立」，觀察的智慧。一切諸法所以安立的，有理有事，《華嚴經》最大不同點是理事，理法界跟事法界，說理法界就是理法界，說事法界就是事法界。聽受聞法的機，只能領會事，不必給他談妙理。我們若達到理事無礙才是眞正的菩薩，他能圓融了，他的圓融是不錯亂的。一定要知道對機說法，不是這個機，給他說這個法，他的腦子會混亂的，這得有觀。觀智就是安立諦相，法界裡所含藏的諦、所含藏的諸相，這叫含藏。對什麼人說什麼法，機不失時，失了時，你就不對機。

三世諸佛的智慧光明，從哪來的？從衆生來的，如果不度衆生是得不到的。智慧光明就要度衆生，度衆生就要明白衆生他的機，還有他的時間。在這個時間，你怎麼認識這個世界，怎麼認識人生，怎麼理解佛法，就一個字，「知」。知道了，這就是智慧，不知道是障礙是迷惑，在法界上安立，非常的複雜，沒有智慧是入不了的。

根據這種說法，你要先有智慧；有了智慧，學一切法都能深入，拿你所學的方便利益衆生，衆生都能得度，所以叫「有慧方便解」。解脫，有時念「解」，「解」就是知道，有了智慧，你什麼都知道，明明白白的跟他說，他就依著你的所指示的道路去走，就修成了。沒有智慧，怎麼樣呢？誤入歧途，導入這個機，不對機。我說的是聖法，雖然是聖法，不對他的機，就不聖了，殊勝感就沒有了。

而現在，像我這樣的說者，沒有智慧的，只能依著聖教，依著佛所教導，再者依著文解義。可是「依文解義，三世佛怨」，是佛的怨家對頭；「離經一字，即同魔說」。這給說法者定的標準非常之難，怎麼樣呢？那就來個不說，不說更厲害，是斷滅佛種性。

釋迦牟尼如來好像給我們佛弟子出的難題太大了，怎麼都不對。依經解說，不對，不能完全依經，要知道經的義理，不是依經文。「離經一字」，這個義理產生在經文當中，你離開經文，那義理又建到什麼地方呢？依著文解義，不對的，離開經文也不對的。怎麼樣呢？「不即不離！」不能完全離經也不能把義理講錯了，那叫誤導。經上說無常，你若講常，那不跟經上唱反調？經上說這個世界是苦的，你說這個世界是快樂的，那也是跟經唱反調。

但是「有慧方便解」，有智慧的，他怎麼說都是對機說法，是解脫的；說者解脫，聞者也解脫。沒有智慧的，那就是束縛，自己在束縛當中，所說的方法是束縛的方法，不是解脫的方法。

因此觀智是觀察諸法的實義而生起智慧。什麼是理？什麼是事？諦是理，相就是事，這個事理一定融合得非常恰當。事不離理，沒有理外之事，沒有事又怎麼能顯理呢？依事顯理，理能成就你的事，這叫諦和相。相就是事，諦就是理，這就是我們所謂的聖教。聖教，依文解義也好，離經離開文字也好，那就靠一個什麼呢？妙。安立在妙義上，你常時觀想這個妙，怎麼樣才能達到妙。

沒辦法達到，你就好好的讀讀〈普賢行願品〉，看看普賢菩薩怎麼安立的，看看普賢菩薩怎麼教授我們的。這裡頭含藏一切佛的力量，含藏一切佛的解脫，什麼叫解脫呢？淺顯的說，不要執著太多，執著太多就叫束縛。一切法裡頭含著個妙，道理很微妙的，你不要被這句話束縛住了。若是這句話把你束縛住了，這叫執著，你不執著的時候就叫解脫，執著就叫不解脫。

那就靠智慧的判斷力，爲什麼要學？學就是學習生起智慧，不學不知道。《華嚴經》上講到，菩薩怎麼能生起智慧？你得消業障，業障消了，自己智慧就顯現了。但是怎麼樣能夠解脫？我們是學什麼執著什麼，見什麼執著什麼，他解脫不了。因此，要依學佛產生解脫的力量，依著解脫才能有力量。

我看見很多道友，持過午不食戒，持的非常嚴謹，不錯，相當的好；可是挨著過午不食戒，還有一條，數數食戒，數數食犯不犯？犯了罪過，跟過午不食一樣的，平等平等，怎麼講這個解脫？

我曾到過一個道場，日中一食，夜不倒單。夜不倒單是很好的，他的定力到了這個程度嗎？剛才講觀力，有這個觀想力嗎？一個夜不倒單，把他所有的功德都浪費了。夜間坐著睡，睡的不安穩，他練出一種本事，上殿繞佛時，他在睡大覺，他的腳也跟著你走，也合著掌，但是他睡覺。講課的時候，你在上面辛辛苦苦的說，他在底下早就讚歎的好好，好是好，他沒有聽到，幹什麼？打瞌睡。這樣的夜不倒單有什麼意思呢？有功德嗎？這叫執著。

其實佛說的每一句話，涵義很廣。夜不倒單，那是人家習定，入定了。不說普賢三昧，連一般的定、人天定，我們什麼定都沒有，只是強制不倒下，這叫執著，這是我的看法。現在去行般舟三昧，你有沒有這個道力？你達到這種境界沒有？勉強去做，薄地凡夫，惑業全存在的，要學諸佛菩薩的聖境；說魔，什麼是魔？這就叫魔，走火入魔。想一想，走火是什麼，什麼走了火？那不是正知正見，是邪知邪見。

這些都不是佛菩薩所說的解脫境界，解脫境界是功夫自然的到那個地方，你讓他倒，他也不倒，他要是倒下，跟他坐著一樣的，解脫自在了，都是三昧，行住坐臥都在三昧當中。諸佛諸大菩薩普賢的三昧，他在一切國土，每一個微塵當中，都安立無邊剎海，常時都在定中度衆生，說法是在定中說。一切諸法都依著法界藏，法界含藏現相所現的。但是要追究他的性體，性體是眞，現相是迷惑，沒有智慧。說我們的現相，有業縛的衆生，但是我們的本體、性體都在入普賢三昧，可是用不到。

這很簡單，舉極淺顯例子。人民銀行是人民的，每位中華人民共和國的人民都有一分，你也是老闆，你這個老闆在中國銀行起個什麼作用？你想拿一分錢，支配一分錢，你說的話無效，爲什麼無效？沒有業用，你沒有權，支配不了，就是這個涵義。

我們本具的佛性不產生妙用，讓你給迷惑了，好像是你的，實際上不是你的；不是你的，又是你的，你有一份。這個道理大家反覆去思考，本來本具的，等你成就了，知道自己本有的，不是外來的。但是你沒有成就的時候，沒有力用，有等於沒有。

雖然本具的，還得有事修，事修把這些迷惑、障礙消除了，本性不就顯現嗎？本性顯現了，你成就了一切諸佛的功德海，等顯現的時候，才知道自己過去發些什麼願，知道你的大願，諸佛所發的大願，你也如是發，對於一切佛所說的一切法，只要是佛所教授的，要護持它，流通它，使它不斷絕。我給大家講十信心，其中有個護法心。

我們的信，在《華嚴經》十信中是還沒有入位的，十信心的第七心是護法心，我們的護法心很薄。若是風大一點，就把護法心連根拔掉，沒有了。怎麼才能夠說我們護法心成就了？考驗的時刻很多。在事實面前，人家滅佛法的時候，你是什麼態度？你是護持佛法嗎？是隨著他毀滅嗎？要護持，現實所得的利益就都失掉了，乃至於你的生命也許會失掉，寧犧牲生命來護持佛法，這樣才叫護法心。那時候必須有普賢的行願，入了普賢三昧，那個護法心強盛的不得了，才有力量。

爲什麼這樣子？如果沒有法，衆生聽什麼？沒有聞到法，他又怎麼得度呢？護法有內護有外護，優婆塞優婆夷是外護，比丘比丘尼是內護。如果每位比丘比丘尼都修行，會有六種神通；要眞的，不說假的，假的不行，假的作用沒有，眞的作用起了。護法能夠消滅衆生的三惡業道，能使衆生不造業，涵義非常的廣。這個是講普賢三昧，如果你成就了，得了普賢三昧，成就了一切諸佛功德，一切諸佛的大願力，你都能承受，我也如是隨順諸佛發願。普賢十大願都隨順諸佛發的，諸佛怎麼做我怎麼做。

如此世界中。普賢菩薩。於世尊前。入此三昧。如是盡法界虛空界。十方三世微細無礙廣大光明。佛眼所見。佛力能到。佛身所現一切國土。及此國土所有微塵。一一塵中。有世界海微塵數佛剎。一一剎中。有世界海微塵數諸佛。一一佛前。有世界海微塵數普賢菩薩。皆亦入此一切諸佛毗盧遮那如來藏身三昧。

這個娑婆世界，普賢菩薩在佛前入了三昧。「正受」，或者「正定」，微細無礙，廣大光明，佛眼所見、佛力能到，佛力還有不能到的？佛身所現的一切依報國土，這個國土所有的微塵一一微塵又有世界海微塵，又有世界海微塵數菩薩，一個微塵裡又世界海微塵數菩薩，一一剎中有世界海微塵數諸佛。這也不是我們的智力所能算得出來的。

怎麼辦？加個「不可思議」，不可思議的數字。一尊佛前有世界海微塵數普賢菩薩，一一世界海的佛前，都有一一世界海微塵數普賢菩薩，他在那兒都幹什麼呢？普賢菩薩入此一切毗盧遮那，入了藏身三昧就是普賢三昧。他入這個三昧的處所廣大無邊。現在要讓每位道友入普賢三昧很難了，太難了。

你就現前生活的境界相，如是觀察，把它擴大、放大，如果你不會放大，假電腦網路把它放大，現在科學發明了，你可以拿作這個觀想，先把你的思想擴大，擴大能到普賢菩薩這個程度，再縮回來，就是現前一念心。

沒有講《華嚴經》之前，先講〈大乘起信論〉，我跟道友說，要相信自己是毗盧遮那。如果這個信心建立了，普賢菩薩三昧現前，普賢菩薩是毗盧遮那的弟子，相信自己就是普賢菩薩，所有諸佛菩薩的德號，你可以攝歸自己，攝歸你自己攝集到什麼處呢？現前一念心。又把它放開了，說塵說剎，怎麼樣說都無窮無盡，攝回來就是你現前一念心，盡虛空徧法界一切諸佛菩薩就是你現前一念心。這叫什麼？現前一念心，我們的現前一念心，也是如是。這現前一念心，回歸你的性體，也是盡虛空徧法界無窮無盡的，你把它放開，不要局限太小，不要被眼前的淫怒癡給障礙住了，你把它打開，既沒淫怒癡也沒戒定慧，染法淨法是相對的，沒有染法哪有淨法？沒有淨法哪有染法？相對的不成立，這叫相對法。現前一念心能盡虛空徧法界，能徧於空中的一切處，端看你緣念的大小。

如果你看現在這個地球，把它觀成就是一微塵。如果把你所到過的每一個國土，到過的城鎮，接觸到的人民，坐著一靜思惟，一念間頓現！你到過北京、太原、哈爾濱，或者你到過的大城市，在這兒坐著，一念頓現。把這個境界再擴大，擴大到什麼呢？十方刹塵數一切諸佛，以普賢行願力故。

但是你得多讀〈普賢行願品〉，讀二十年、三十年是不夠的，讀五十年也不夠，爲什麼？我讀了好幾十年也沒有這種境界，因此我知道不夠，那再讀，讀到什麼時間？讀到你能夠把〈普賢行願品〉所說的境界，用你的心念能緣起，緣起生於你一念心，以一念心做根本，把這些諸法都緣起，從你心裡頭生出來的。

這一念心，收攝跟放開，那就是盡十方界。不要一聽到盡虛空徧法界微塵數，說的你腦殼都大了，就從你現前一念心起觀。所謂的過去現在未來，乃至身上的一切毛孔，每一個毛孔的毛端，從極微極微細處觀，十方法界就在一微塵處收。什麼收的？心念。不是那個微塵，那微塵變成你的心念，這個心念是一切法總依的大法門體。假使你對於普賢三昧，在文字上，你聽著又深又遠，又不可思議，不必追求那個，那追求什麼呢？靜下來，想你現前一念心，在極微細處，你這個心是無礙的，什麼也障礙不了你的心。

自己不管相應不相應，我還做如是想。在監獄裡頭想，身體在監獄裡頭，門是鎖著的，我的心裡鎖不住。我就把我所到過的，每天想一遍，我到過哪個地方都想，很自在的，鎖也鎖不住，關也關不住。人世間的一切威力，乃至於一切外道邪魔的威力，降伏不了，你觀成了，都在你的心念攝受。從那個最小的地方，想到最大的地方，最大的地方再收到最小的地方，你如是循環往復的這樣想，這一念不可思議。如果大家經常坐這兒想，那不成了幻想嗎？是的，就是幻想。把幻想變眞實，相信嗎？

現在你已經幾十歲了，再想想你十歲的時候。等到你五六十歲的時候，再想想三四十歲的時候。現在我九十歲，還能記得六歲時的事，想想這幾十年，一念間！把它收攝起來，一念間，這裡頭有倒楣的時候，也有很快樂的時候。有時候變成不恥於人類的狗屎堆；現在我坐在這個座上，還是人上人。這是變的，沒有任何法是固定的，沒有一切法是定的不變的，諸佛法都在變。

普賢三昧隨著你的心變，隨著你的念，普賢三昧變成你的三昧，不是普賢的三昧，因爲你入了普賢三昧。你怎麼想也想不到普賢菩薩那個境界，說他不是普賢三昧，如果你想的跟這個經上所說的，普賢三昧的境界，他那些妙用、妙義，你若具足了，你就是普賢三昧，沒有具足，還不是。具足歸具足，能用歸能用，就像說中國銀行是你的，不錯，你去開個支票，拿點錢來用，辦不到，不是你的，做不到。

「佛子」，拿在家說，佛就是我的父親，佛的事業，我繼承承擔，佛不在世，我是佛子，我有一分；有是有，你去用一用，用得上嗎？把佛的三昧妙用，拿來你用的上？用得上，你是眞佛子，用不上是假的，沒有誰信你，都如是。

聞了一切諸法，對於最難處、最不容易達到的，你不要鑽牛角尖，回過頭來，從你的心念最微處，從你能做得到能想得到的，在這兒觀，我衝破這個障礙，就能達到無礙。遇著任何障礙，你在這裡思惟，不要向外求，求誰都不如求自己。自己把自己全部的力量求入普賢三昧，讓普賢菩薩加持，讓普賢加持你跟普賢菩薩合二為一，你就千變萬化、廣大無礙，人天光明不在眼下，你是普賢三昧的光明，毗盧遮那的光明。佛眼所見的，我都能見。我們這個見是從佛經上見到的，不是人家真正見到的。普賢三昧，讀到〈普賢三昧品〉才知道，不過能知道就不容易了！知道的，不是真知，是假知。不過你可以從假知漸漸修煉，達到真知。雖不能用一萬分，能用它萬分之一，也夠你受用的。

凡是佛眼所見到處，我們見不到，根據學佛經，照佛那所見處，作如是觀想，佛身能現之處，為什麼不能現？這叫發大願立大志，你才能成佛。普賢菩薩能做到的，我一定要做到，要發願。你天天一遍兩遍三遍，讀〈普賢行願品〉隨著他發願、隨著他回向；他能做到的，你也能做到，如果做不到的，就加倍努力。

◎加持分

爾時一一普賢菩薩皆有十方一切諸佛而現其前。彼諸如來。同聲讚言。善哉善哉。善男子。汝能入此一切諸佛毗盧遮那如來藏身菩薩三昧。佛子。此是十方一切諸佛共加於汝。以毗盧遮那如來本願力故。亦以汝修一切諸佛行願力故。所謂能轉一切佛法輪故。開顯一切如來智慧海故。普照十方諸安立海悉無餘故。令一切眾生淨治雜染得清淨故。普攝一切諸大國土無所著故。深入一切諸佛境界無障礙故。普示一切佛功德故。能入一切諸法實相增智慧故。觀察一切諸法門故。了知一切眾生根故。能持一切諸佛如來教文海故。

這段經文的經意大致是這樣分，一個是「諸佛現身」，以佛的口加持普賢菩薩，一個是「讚其得定」，共同讚歎普賢菩薩得的定，普賢三昧定。這個定不是因，是果定。一個是「得定所由」。

文中又大概分成三段意思，第一個是「伴佛同加」，佛佛道同故，一切諸佛都如是，第二個是「主佛本願」，一切毗盧遮那佛的本願力，第三個「自修行願」，普賢菩薩自己的行願力，才入這個普賢三昧，這是入定的因。諸佛加持是爲緣，因緣和合了，成就如此普賢三昧定，文中所講的大概有十種的涵義，表佛的十智。定中所見的、定中所行的，諸佛加持普賢菩薩，普賢菩薩加持一切眾生。「一即安立海，二即眾生及業海，三即世界海，四即佛海，五即名號壽量及解脫海，六即波羅蜜海，七即轉法輪海，八即根海，九即演說海，十即十智」，說種種安立，說依報，說世界，說正報，說佛海，說名號及解脫。完了，顯示普賢菩薩不可思議微妙的妙用，前五個屬於功德，以後屬於智慧。第六說波羅蜜，波羅蜜就是實相到彼岸，到了彼岸的實相。第七轉法輪，轉法輪在入定中，定中到一切剎海之中度一切衆生，度一切衆生就說法，說法就是轉法輪。第八知根顯根，第九演說，第十就是十智。

在〈普賢三昧品〉當中，沒有答辯，只有現相的顯示。前面〈如來現相品〉中所演的十佛剎海微塵數，那些大菩薩在意念中都是請問的，共有三十七問。「如來現相」，已經在現相中答了，前頭的序分中，所有來的大菩薩種種問號，問號就是有些懷疑的問題，向佛請示，沒有說出口，而是用意念，把他總結成爲三十七個問號，佛本來在現相當中已經答了。但是，有些大菩薩還不能理解，普賢菩薩在三昧當中答前頭的三十七問。並不是〈普賢三昧品〉這一品，都答完了，以下《華嚴經》演說的，都是前面世界海菩薩所問的問題。

這是顯佛的妙用，普賢菩薩在三昧當中，顯示一切諸佛的十智；所以拿海形容這種智慧，甚深廣大，用海來形容詞。在十智當中，三處用海顯示，兩處用智顯示。

經文中，口加、意加、身加，加就是加持，我們求佛的加持。佛讚歎普賢菩薩，那是口加，加被讚歎的功德。其次是意加，我們前頭念的那一段文，那是佛的口加，十方諸佛讚歎普賢菩薩，能入毗盧遮那的藏海這個定，下面這段經文是意加，說明十方諸佛。

爾時十方一切諸佛。即與普賢菩薩摩訶薩。能入一切智性力智。與入法界無邊量智。與成就一切佛境界智。與知一切世界海成壞智。與知一切眾生界廣大智。與住諸佛甚深解脫無差別諸三昧智。與入一切菩薩諸根海智。與知一切眾生語言海轉法輪詞辯智。與普入法界一切世界海身智。與得一切佛音聲智。如此世界中。如來前普賢菩薩。蒙諸佛與如是智。如是一切世界海。及彼世界海。一一塵中。所有普賢。悉亦如是。何以故。證彼三昧。法如是故。

上面所說的十種智，是成就佛的果德，所以稱爲果海之智。十方一切諸佛把他加持的灌頂力量，使普賢菩薩智慧無礙，這叫一切智性。一切智性是顯示一切果海的力量；智性即是力，因爲有智慧才產生力量，這種智的力量使一切無所能屈，既是十智也是十力。

智即能入，我們前面說的十種，以智慧能入其餘的諸佛海中，這留給後一品的〈世界成就品〉，表示爲什麼能成就世界？是由十智而成的。由這個智，達到以後諸品所說的佛十智。這個會是在普賢菩薩入三昧當中，得到的諸佛加持，也是定力所生的。所以一切的神變在一一微塵中能現佛境界，能說諸佛之法，都由這個普賢三昧力故。這叫生前啓後。

這是意加，最後是身加。

是時十方諸佛。各舒右手。摩普賢菩薩頂。其手皆以相好莊嚴。妙網光舒。香流燄發。復出諸佛種種妙音。及以自在神通之事。過現未來一切菩薩普賢願海。一切如來清淨法輪。及三世佛所有影像。皆於中現。如此世界中。普賢菩薩。為十方佛所共摩頂。如是一切世界海。及彼世界海。一一塵中。所有普賢。悉亦如是。為十方佛之所摩頂。

這是佛摩頂給他智慧，以佛手摩普賢的頂，加被攝受。十方佛不動本寂而來加持普賢菩薩，是不是胳膊伸的太長了？也不是，這在前面的意加，大家就體會到也如是，這叫摩頂授記。以手觸他的頂，十方諸佛沒動本寂。普賢一直在定中，十方諸佛也在定中，這表佛是十方諸佛自在的業用。這個手是從性起的。手是有相的，性是無相的，這個形容諸佛相好的莊嚴是有相的，性是無相的，既沒有言說也沒有形相；但這個相依性起，就顯著不可思議，特別殊勝了。

普賢入的普賢三昧，是得到十方諸佛口意身三業加持，不一定按我們身口意的次序，先身後口後意，先是說，說完了意的加持，無言說；言說及無言說，形容《華嚴經》說是沒有說，沒說而說；有時候現相，有時候放光，〈如來現相品〉，那些大菩薩都理會到，他們所請問的問題，佛的放光已經給他們解答了。

普賢菩薩又入普賢三昧，又給諸大菩薩解答；根據序品，如來現相入了普賢三昧，這個普賢三昧是菩薩的最高境界，也是諸佛的境界。在普賢菩薩三昧當中，得到諸佛口意身業的三業加持，他就從定起了。

◎起定分

爾時普賢菩薩即從是三昧而起。從此三昧起時。即從一切世界海微塵數三昧海門起。所謂從知三世念念無差別善巧智三昧門起。

「三昧海門起」，這三昧是一個，一個變成無窮無盡的法門。出定了，這個定，叫普賢三昧，這個三昧就是三世。三世是過去未來現在，「三世念念」，「念念」，我們可以理解，每個人都有一切念，我們的念可不是三昧；普賢的三昧，念念都在三昧之中，在三昧之中得到的是什麼呢？根本智，無差別善巧智，是這麼樣的大定，定能生慧。

這些智產生的普賢三昧，從普賢三昧起就是一切法界所有的微塵，每一微塵就是一個三昧門，一個普賢三昧是無窮無盡的普賢三昧，無窮無盡的定。

從知三世一切法界所有微塵三昧門起。從現三世一切佛剎三昧門起。從現一切眾生舍宅三昧門起。從知一切眾生心海三昧門起。從知一切眾生各別名字三昧門起。從知十方法界處所各差別三昧門起。從知一切微塵中。各有無邊廣大佛身雲三昧門起。從演說一切法理趣海三昧門起。

這個三昧，我們給他的定義是不可思議。前幾天跟大家講「妙」，普賢定就是妙定，普賢三昧就叫妙定。這幾天講「妙」，妙定、妙慧，爲什麼加個「妙」？妙就是不可思議，說一切三昧海他這個普賢的定，加個「妙定」，妙就是不可思議，這個定又具足無窮無盡的定。本來是普賢定、普賢三昧，但是他變成了一切的三昧海。

一切的定都從普賢大定而產生的，這個定甚深廣大。一切三昧皆入普賢三昧，普賢的三昧就變成了一切的三昧，一切的三昧是根本，一切的三昧都是普賢三昧，那是枝末。這個定有好多呢？刹塵數。現在把他攝攏來，把無窮無盡的刹塵數普賢三昧，攝攏爲十；普賢三昧廣說，變成了無窮無盡的三昧海，又把無窮無盡的三昧海，收攝回來。這又分幾種，第一、「能知智三昧」，能知智是什麼呢？就是在一念間能生一切智慧的三昧，定能生慧，一念間能生，無有差別。這種智慧，念念無差，念念都是智三昧，這叫徧知。徧知什麼呢？徧知一切事物，這個智是理，理能成事，徧知一切事，那就叫善巧智。第二、「所知塵境」，外邊所有境都作爲塵，把境界形容爲塵。一個能知知於所知的境，能知的是智，所知的是一切刹塵的境界相，能所智，能所是一對。第三、「現廣刹」；第四、「現居處」。能所這個智慧，能在廣大的佛刹，每一刹的刹變成微塵，每一微塵都能現。現這個智，都現些什麼呢？所居的處所，所居的處所就是世界，這就說到依報。

能知的這個智、所知的這個世界，這叫什麼呢？引證《楞伽經》上說的，這叫如來藏識。在如來藏識含藏著一切有情世間、無情世間，身所受用的頓現。就器皿說，廣大無邊，受用起來就是舍宅。「器即廣刹」，器者就是一切的廣刹，受用的只是舍宅。第五、「知心念差別」，這種智慧能知道一切衆生的心念差別，心裡想什麼，以普賢三昧都能知道的。第六、「知身相名字」，因爲知道身相，以這個智慧都能知道。

知道他爲什麼起這麼個名字，又知道是衆生的色和心，色法跟心法，色是有形有相的，心法就是五蘊當中的受想行識。五蘊就是色心二法，這是有形有相的，心是能知的，心是無形無相的。第七、「知廣處」；第八、「知廣身」。不但能知一切事物，能知道廣處一切處，能知道一切衆生的廣深一切深，能知道衆生的依正二報。他舉一微塵說，塵和境，就是一時，彰顯佛的廣大無邊的虛空。無邊無盡的虛空，在一切處都能現。現者，如來藏中所含藏的，在有情世間，因爲是實有的，建立一切處所，都是菩薩行道的道場。

佛剎、剎土，剎土是有染有淨。染就是穢的處所，淨就是清淨的處所，極樂世界跟娑婆世界，娑婆世界有穢，極樂世界有淨。這是隨衆生業的種種的類別，以普賢的智慧都能了知，都能深入。形容佛的體是佛身，佛身廣大無際，徧滿三千大千世界，處處都有佛身，所教化的衆生，一一都有識，有識就有身，佛在這個當中，示現的無邊身來教化衆生，普賢菩薩如是知。

第九、「從知一切法理趣者」，這是把一切法從理上，叫理趣，這個理趣必能成事，前面所講的都叫事，事是靠理來顯的，靠理來成就的，事能顯理，理能成事，用很多的差別，分門別類的顯示；能顯示的是理，所成就的是事，不論約理約事都叫法，就叫一切法。

清涼國師引證《大般若經》〈理趣分〉說，諸法皆空無生無滅，無自性性，離一切相，不可願求。這說是第一義，湛然常住，當知這個就叫如來藏。清涼國師又引證《解深密經》專門講理趣，《解深密經》有六種，解釋這個眞理的。

第一種是「眞義理趣」，是什麼呢？就是二障淨智所有行的眞實。清淨智慧了，得到眞實。這叫眞義的理趣。

第二種是「證得理趣」，證得理趣就是把前之眞義的理趣，能以他的行爲、修行、觀照，使這個眞義，眞正的義理，如實的了知。這如實了知，怎麼來的呢？是教導理趣。

第三種是「教導理趣」，謂自己證得，完了又能開示給衆生。

第四種是「離二邊理趣」，什麼叫眞實的理趣呢？答覆的很微妙，非有非無，非斷非常，這是離二邊的理趣。有無斷常都不是的，有和無是二邊，常和斷是二邊，在理趣上講，不是斷不是常，不是有也不是無，這叫離二邊。

第五種是「不思議理趣」，這要證得方知，言說的不能得到，言說是方便善巧，依著言說而能達到，言說只能給你方便善巧，引你深入，引你證得；言說不是的，所以叫不思議。離開一切諸法的戲論相，二邊一切辯論都叫戲論，所以加個「不思議」，這就是不可思議的。但是衆生怎麼能入呢？

第六種是「意趣理趣」，隨著衆生他所喜歡的、他所愛樂的、給他如實的教導，讓他進入。云何教導呢？隨著衆生的希望、喜歡、愛好的不同，答覆他，根據他所欲的方便善巧開示，解釋這個藏身，也就是前面所講的如來藏身，或者是加一個說普賢三昧，普賢三昧就是不可思議的三昧。

清涼國師引證很多經論來解釋這個，總的說都解釋普賢三昧的。因為這個三昧不是我們具足見思惑，具足煩惱的衆生所能得入的。因爲在此法會當中來的，眉間放光的光中出現的諸菩薩，如來師子座，座上出現的諸菩薩，這些都是不可思議的大菩薩，普賢三昧就給他們說的；因爲來這個法會大衆，他這個心念中所疑起的問題，如來現相，給他們作答了。普賢又在普賢三昧之中，三昧起的時候，給這個菩薩示現，一一作答了。

普賢菩薩從如是等三昧門起時。其諸菩薩。一一各得世界海微塵數三昧海雲。世界海微塵數陀羅尼海雲。世界海微塵數諸法方便海雲。世界海微塵數辯才門海雲。世界海微塵數修行海雲。世界海微塵數普照法界一切如來功德藏智光明海雲。世界海微塵數一切如來諸力智慧無差別方便海雲。世界海微塵數一切如來一一毛孔中各現衆刹海雲。世界海微塵數一一菩薩。示現從兜率天宮歿。下生成佛。轉正法輪。般涅槃等海雲。如此世界中。普賢菩薩從三昧起。諸菩薩衆獲如是益。如是一切世界海及彼世界海。所有微塵。一一塵中。悉亦如是。

就在普賢菩薩從普賢三昧出定的時候，所有與會的大菩薩，一一各得世界海微塵數的三昧海雲。普賢菩薩入三昧、出三昧，就在這個時間，與會的這些大菩薩在普賢菩薩三昧的啓示，每個菩薩都得到世界海微塵數三昧海雲。從普賢菩薩一個三昧，這些與會的菩薩得到很多三昧的海雲，得到很多三昧。

這是「正明得益」，法會當中，普賢菩薩入普賢三昧，從三昧起，這一入一起，與會這些大菩薩就證得了這麼多的定，證得這麼多的智慧。上面所有這些經文的意思，一個說是，如來藏身的實智，實智就是實體所產生的智慧，如來的實智。得藏身的力用，十智產生如來藏身的所有的力、所有的用，力用就化導衆生力量的一切方式，這叫權智。隨衆生緣所產生的化導的教育的教授一切方式，一切智慧，同時在一切諸佛當中的身、毛孔所現的佛剎。就舉一個八相，八相就是毗盧遮那示現的化身釋迦牟尼，從兜率天宮降生人間下生成佛、轉正法輪、到入涅槃這八相。就在普賢菩薩入普賢三昧，從三昧起入定出定的當中，所有與會的大菩薩都證得這些法門。

普賢入定出定，「他人得益」。一切與會的菩薩就是他人，這叫感應道交難思議，與會菩薩的感、普賢菩薩的應，感應道交不可思議。這些大菩薩都能示現八相成道，得了那麼多的三昧。

清涼國師舉個比喻，春風一發動，所有大地上的一切藥草，治衆生病的藥草都發芽了，都出生了，都長成了；這些大菩薩過去無量無量劫，隨佛的教授，他久久深入了，他的行願已經將近普賢菩薩了，觀普賢菩薩入定出定的殊勝境界相，他一切都明白了，這叫頓悟，圓成他的萬德。這叫萬德頓圓，冥顯雙資。

冥是不可見的，冥冥之中。顯，是可見的，顯現當中。雙資，互相的資助，互相的資益。一者由於他過去無量劫所修行的，這叫冥，冥就是他所修行的一切行門。冥冥當中，就是積攢所有力量，現在顯了，顯了就是頓悟，加上三昧的啟發，普賢菩薩又得到十方諸佛的加持，所以這些菩薩才所得的功德還是自己修的。顯的，就是普賢菩薩現行說法，現行在會中入定、入定出定，以他智慧的光照引發大菩薩的宿願、宿行，行願的力，這叫普賢行願的力量，冥顯交會，說明這些大菩薩得到這麼多利益。

「如此世界中」，這個是指華藏世界，說華藏世界普賢菩薩從三昧起。在會的華藏世界諸大菩薩獲如是益，還有其他一切世界海及彼世界海所有的微塵，在一一塵中，悉亦如是。這表顯什麼？表顯通無障礙。在種種的世界海當中，其他的諸菩薩也得到利益。怎麼樣來證明？以下的經文，就證明其他世界海得利益的情況。

◎現相作證分

爾時十方一切世界海。以諸佛威神力。及普賢菩薩三昧力故。悉皆微動。一一世界眾寶莊嚴。及出妙音演說諸法。復於一切如來眾會道場海中。普雨十種大摩尼王雲。何等為十。所謂妙金星幢摩尼王雲。光明照曜摩尼王雲。寶輪垂下摩尼王雲。眾寶藏現菩薩像摩尼王雲。稱揚佛名摩尼王雲。光明熾盛普照一切佛剎道場摩尼王雲。光照十方種種變化摩尼王雲。稱讚一切菩薩功德摩尼王雲。如日光熾盛摩尼王雲。悅意樂音周聞十方摩尼王雲。

這些大菩薩得到利益，歡喜了，心動則一切法動，地也感得震動。這是得益心生歡喜，心生歡喜則地動，地微微動。完了，又現諸些瑞相，就是祥雲瑞相。說明在會中聞法，得了利益，這個說法就是光說、定中說。

◎毛光讚德分

普雨如是十種大摩尼王雲已。一切如來諸毛孔中。咸放光明。於光明中。而說頌言。

普賢徧住於諸剎　坐寶蓮華眾所觀
一切神通靡不現　無量三昧皆能入
普賢恆以種種身　法界周流悉充滿
三昧神通方便力　圓音廣說皆無礙
一切剎中諸佛所　種種三昧現神通
一一神通悉周徧　十方國土無遺者
如一切剎如來所　彼剎塵中悉亦然
所現三昧神通事　毗盧遮那之願力
普賢身相如虛空　依真而住非國土
隨諸眾生心所欲　示現普身等一切

〈如來現相品〉，從佛白毫相光、寶座的光明，乃至於普賢菩薩入的三昧，與會的大菩薩都得到利益。世界微微的動，出了這麼多的摩尼寶光明雲之瑞相。一個因一個果，兩種力量使這個世界微微的動，而這個世界所現種種寶的莊嚴。說法的時候，有時音說，有時光說。在〈華嚴經探玄記〉第三卷做如是解釋。

這一段經文，他用五種來解釋。哪五種呢？「眞如、眞智、本識、五塵、諸事。」「眞如」是眞實無妄的道理，從理上建立，這個眞如的眞實無妄的道理是什麼呢？就是法性土的體。把一切國土的體顯現出來，顯現這個體是什麼呢？究竟清淨法身，清淨法身所依的土，所依的國土莊嚴世界，因爲法身是無相的，所依的國土也無相的。身、正報，土是依報，依正二報兩個，不是一個，到究竟上，身即是土，土即是身，在體上依著法性、依著眞如，體不二故，依正二報不妄故，一個是法身，一個是法性。身跟土，正報跟依報不二，約眞如說。

「眞智」，眞智都是眞如，眞如也是眞智，但是這樣的比較不容易理解。眞智是什麼呢？根本無分別，實報莊嚴土的體跟如來圓滿報身所依的土，如是眞智實知，眞智實知就是無分別，實報土之體，如來的莊嚴圓滿報身所依莊嚴的土，無分別，這叫是眞智。眞智就是根本無分別智，無分別智是觀察身土不二，這是約智來說。

約識來說，「本識」，根本清淨的識心。〈大乘起信論〉說，業相、轉相、現相，在這一念不覺有差別，不覺就生三細，覺了就清淨的眞心，那叫清淨的實心，清淨的實心與色相土的體，不說相，與色相土的體，乃至於如來所現的微塵數相海身，所依的土都是識所具足的。

「四塵」（按：出自〈三藏法數〉），色、香、味、觸這四法，這四塵是後得智所現的色相，這就是他受用土，他受用的體，是如來所現的身，他受用的身，他受用的體。

「諸事」，就是成所作智。變化土所居的變化體，這是如來化身所依的國土，所依的土。把這個國土，做五種分別開示的，這是〈華嚴經探玄記〉第三卷上的分析，大家可以看〈探玄記〉。

同時，清涼國師又引述〈佛地論〉，〈佛地論〉怎麼說呢？唯以清淨法界而爲法身。清淨法界就是法身，法身依著法性的土，法性土即是法身，爲什麼？法性跟法身，性一故，性同一位故。隨著身土的相而分別爲二，實際上是不二，不二而分別爲二。這個二，就是二而不二，唯一法身故。在〈大智度論〉上說，在有情當中，佛有佛性，是修成的佛性，在一切衆生他具足的佛性，在纏的佛性，若在非情中說，那叫法性，法性當中假設的能所，假設的能所而實在是沒有差別的。

在〈成唯識論〉講，身和土同屬於佛法性相，在相異故，法性不異，體無差別。法性屬佛，爲法性身，法性屬法，法性屬於一切法的法，爲法性土。性隨相異，性隨著相轉變，所以說有差別。說有異，性隨相異。

現在所說的，性體如虛空，所以此所說的身和土，不是色法所攝的，不可說形量的大小，因爲在色法上說有大有小，有長有短，有方有圓。這是隨著事相來建立的，完了又把它說轉了，一切諸法如虛空，徧一切處。虛空是通身通土，土也空、身也空，一切皆是虛空。在大智慧者，他的身叫法身，證眞如了。他所依的土叫法性土，在〈無性攝論〉云，無垢無罣礙的智慧，無垢無罣礙的智就是法身故。

又云何言相是虛空呢？智體無礙。無罣礙智的法身體是沒有障礙的，同虛空故，相已入虛空，就說法性的身、相如虛空。智慧亦是如意，亦是法身意。這個道理在〈攝論〉、在《金光明經》上都如是說，如如理產生如如智，法身故。

為解釋這個，各各經論特別多。在《華嚴經》上只是合來說，無礙法身，無盡身雲，都做如是解釋的。

「相融形奪」，相融的時候，就把形體形相奪了，奪了，就是沒有形相。上面雖有各種的說法，都是如是說，法身的法性土的法性身，就是唯一法性。乃至於諸佛菩薩大菩薩，所行的悲願，所有恆河沙數的性功德，法法皆是法身故。

所以修的所有功德，他必須得證理，得究竟圓滿。一證到理了，理體融攝無礙，所證的眞如的體大，就是大方廣的大。土也如是，土是法性土。看來身是身，土是土，身相土相各異，再同歸於法性，同歸於法性，那就同歸於虛空。一切諸功德，功德相得究竟了功德相，言如虛空，就是空性。有時候解釋如來身，不是虛空，非如虛空。一切如來的功德圓滿了，修成了，那是無量的妙法所成就的，這得看對哪一類機說。對圓滿的根機，到了究竟的果德，證同圓滿，證同佛果，一切皆泯。對一切眾生說，一切皆立，立的時候不是泯的時候，泯的時候也不是立的時候。

為什麼這樣說呢？相即如故。一切相到了最後，都是如，如者就是如如不動的寂滅三昧，這叫理法身。一切智慧，智慧所現的，所了達、所照明的，這屬於智法身。在《華嚴經》如是理解，說智法身、理法身。

在相上一講，講諸佛的一切諸相，乃至我們的法相，法相莊嚴，所有的一切供具，這是在功德相上講。

假使說到回歸於理上，唯此一事實，餘二則非眞，這是法身。完了，把它說明白，色身依於色相的土也依於法相的土，法身依於法性的土也還依於色相的土，圓滿無礙。或者單說，或者雙說，都可以。

在這裡，清涼國師引述很多經論互相來辨別，諸如《淨名經》、《法華經》等等；辨別的意思，通顯都是在普賢三昧中，乃至於通攝三種世間，那非常廣泛，三種世間。哪三種世間呢？器世間、衆生世間、智正覺世間。〈華嚴疏鈔〉上是這樣的解釋。世界就像一個器皿，世界都是有形有相的，就像器皿一樣的，就叫器世間。這個是專指著釋迦如來所化的境界相，叫三千世界。

三千就是小千、中千、大千，這就是器世間所顯現的。衆生世間，色心二法和合的，有時說五蘊和合的，色法跟受想行識和合的。衆法合，共合，和合而生，五蘊和合而生起的，就叫衆生世間。

智正覺世間，具足如來的智慧，永離偏和邪，深入覺了一切世間。覺了，這叫出世間法，出世間法就叫智正覺世間。這是釋迦如來化度衆生的智慧身，就叫智身。

佛的十身融於三世間，三世間融於十身。融者，就是融通之意；把有情世間、器世間、智正覺世間，會而爲一。所以諸佛菩薩、大菩薩能知道衆生的心，能知道衆生的心裡想什麼，能知道衆生各各的欲好，愛樂不同，這叫融會三世間。融會三世間一共有十身，這十身的作用因度生的需要而不同，融通而無障礙，把三世間融爲十身。器世間、有情世間、智正覺世間，三世融會三世間融會於十身。

但是，名聞，各各的名，分別來說，名號不同。那麼有情世間就是衆生，一切衆生，衆生的世界，器世間就是一切國土依報，世界如器皿一樣的。

智正覺世間就是佛世間，一一的各別間差，各各不同，這就通稱爲世間。不管器世間也好，衆生世間也好，正覺世間也好，同名世間，他們會產生互相的作用。菩薩是以衆生的身來做他的身，但是他以衆生身的國土身，出現於這個國土。所以他以虛空身，現身於虛空，無障礙的。

菩薩以他的自力，一一的互相融通，融通就是無障礙。融是融合，通是通達。衆生身是色心二法合成的，有時候擴展開，就是色受想行識，五蘊合成的爲身，這就是有情世間的衆生身。菩薩知道一切衆生心裡在想什麼、喜歡什麼，各各衆生有各各衆生的愛好，菩薩把一切衆生身作爲他的智身。菩薩把他的身也作爲國土身，菩薩把他的身也作爲虛空身。這叫衆生身，菩薩要隨順衆生利益衆生度衆生，所以示現眾生身。國土身，國土也說身，什麼是國土的身？山河大地剎土，菩薩隨順眾生，眾生喜歡的國土，菩薩就把他的身變成國土，身變爲國土。像文殊師利菩薩把五臺山作爲他的身，普賢菩薩把峨嵋山作爲他的身，他用這個來利益眾生，這是自在的。

業報身不同了，業報身是煩惱，是因你所作的業而感的報，這叫報身，那就叫業報身。這都是解釋普賢菩薩三昧。

菩薩知眾生心裡想什麼、愛樂什麼，他就示現，也隨他一類，也示現業報身，也作眾生身，也作虛空身。菩薩沒有業報，他是福報，福報就是智慧，他的福報變成智慧身。聲聞身，聞佛的聲教得度的，他是悟得眞諦的道理，所證得的這個身，叫聲聞身。菩薩知道眾生心喜歡，他就示現聲聞身，就是他的身，菩薩有時候示現爲聲聞，聲聞身就是他的身，是眾生身也是虛空身。

獨覺身出在沒有佛的世界，獨宿孤峯，觀霧的變化來開悟的，是自悟的。菩薩知道眾生心所愛樂，喜歡獨處一處，自心行道，乃至證得聲聞。菩薩就化現爲虛空身。菩薩身，梵語具云「菩提薩埵」。菩提薩埵就是覺有情，菩薩在一切有情眾生當中，他自己覺悟了，也能讓其他的眾生都覺悟，他就現的虛空身。隨緣，虛空是徧一切處，隨緣度眾生。那是如來身，得了道，成了正覺，這叫如來身。他也隨著眾生心所愛樂，佛度眾生的時候都是現菩薩身，如來身就是自己的佛身，他能夠示現菩薩身，示現一切衆生身，乃至於示現的虛空身。大菩薩跟如來都能示現虛空爲身，隨國土的緣、隨有情的緣、隨無情的緣。

《華嚴經》多了一個身，叫智身，智慧身。智慧圓明，於一切法無障無礙皆能決定，皆能決了，叫智慧身。

還有，就是光明身。菩薩隨著衆生心所樂的，衆生所喜歡的，就作爲他的身，這叫智身。智身是無身，是隨著衆生身而現身，智慧身也可以叫做衆生身，也可以叫做虛空身，因爲智慧身是不定的，這是不定身，也可以叫做虛空身。就像我們看五臺山，〈清涼山志〉上的好多聖境，那是文殊菩薩智慧身。有時現個老者，有時現個牧牛的，有時在北台頂上，或者中台頂上現一個老人相，什麼相都現，但什麼相都不是文殊師利菩薩。相相都是文殊師利菩薩，乃至於五臺山整個的山，每一微塵都是文殊菩薩化身。

信嗎？依著普賢三昧就是如是。你對一微塵，把這微塵當成是文殊師利菩薩，跪拜、祈禱，效果是一樣的。這就是菩薩的無盡身雲。無盡身雲什麼呢？智慧！菩薩的智慧是我們想不到的。我們想想我們個人的智慧，我們經常說煩惱即菩提，煩惱本來是苦惱的，斷煩惱才證菩提嗎？但是說煩惱即菩提。你把自己的煩惱琢磨一下，等煩惱的時候，你靜觀一下。煩惱從什麼地方來的？怎麼樣生起的？它又怎麼樣成長的？爲什麼煩？爲什麼要惱？這兩個字，我們經常說到一起，以我的觀察，煩不是惱，惱也不是煩，要是把它們兩個相擱到一起，這要參。說破了很簡單，不說破，你去參吧！最煩的時候，你靜坐一下，去找煩惱，參智慧不容易，那就參煩惱，想想今天跟人家吵架，這就是煩。吵完架，煩惱了，一找它，反倒不煩。爲什麼煩？等你追根究底，沒有了，沒有就是智慧，智慧就是虛空。煩惱就亂了，亂了就沒有智慧，心裡越煩越不定，大家想想，等你回下來定下來，定下來煩惱沒有了。

普賢三昧，我們是沒有證入；當我們靜坐一下，把當前境界看破了，看破了放下，放下就是自在。任何事物就怕你尋根，尋根是找它的根源怎麼發生，尋根之後，你就看破了，看破了就是明白了，等你看破了你放得下了，放得下煩惱沒有，你就自在了，自在了舒服了，就不煩不惱。

我們有時候做什麼事，或者跟人家談什麼問題，說等我想一想再說。爲什麼？因爲說的很亂，心裡很煩，靜下來了，再做決定，那就看你這個定的如何，有智慧沒智慧。智慧大的，你定下來所決定的事，是智慧所作的，一定是清涼的，不是熱惱的。

煩惱最厲害的時候，身上是發燒的，當你遇到最煩惱的時候，即使下大雪，他也會出汗的，煩惱到極點出汗，身上冒火，這是煩惱火。等你靜下來了，把那火燄洗一下子，用清涼的智慧水澆一下，清清淨淨的。特別是病重的時候，那叫生死關頭。在這個時候，正是你功夫下手的時候。等你最痛苦的時候，那個痛我們說忍痛不是忍，是忍智，以智慧照了這是假的，一照了，假的，那痛就減輕了，眞正有智慧的，沒有痛。我們經常說這麼幾句話，但是他不去定，不去觀照。

「有覺覺痛，無痛痛覺」，問題在「無痛痛覺」。能覺得痛的那個，痛不到它。「有覺覺痛，無痛痛覺」，你需要經常這樣觀想思惟。當初是心理作用，而後能假著你的口，能假著你的身體，身體所受的，經你這麼一觀，變成智慧。智慧身還有痛苦嗎？智就是覺。身體是假的，但是你沒有修觀，沒有成就的時候，身體是眞的，痛是眞的，不是假的。

普賢三昧是甚深的，但是我們要是從定力達到究竟甚深的境界，普賢三昧就是我們現前的一念心所成就的。一念是普賢三昧，就這一念是，其他念頭不是，如果你念念這樣修，念念都如是。

我們經常說頓超直入，立證菩提，頓超怎麼超的？入了普賢三昧，什麼都超過了，也不要把普賢三昧想的甚深，認爲我們絕對不能入。假使你思想進入的話，就是現前一念心，心轉了，一切法轉。轉法輪，你的心就在這裡轉。念念這樣修，心心念念，我們是達不到的。但是有一個我們能做得到，念〈普賢行願品〉，一天念一遍、兩遍、十遍，天天如是念，念念你就將進入了。念上十年、二十年、三十年，發願念這一輩子，下輩子我繼續再念。還有下輩子嗎？有。定業不可轉，三昧加持力。什麼三昧？普賢三昧加持，大家試試看，把你的念頭轉變爲普賢念，念普賢的三昧。

這回供千僧齋，我問了很多同學，累不累？妳們說不累，很歡喜。我問問妳們，歡喜的是什麼？這是文殊菩薩加持，既沒有下雨也沒有太陽，把妳們的答案想一想，歡喜的是什麼？供千僧齋，妳們怎麼想的？我聽客堂跟說，有些比丘到這裡來，看見我們這裡很莊嚴，聽了唱誦很感動，流著淚走了，不要錢。你認爲到這裡赶齋，都是爲了一百塊錢？他錢也不拿，飯也不吃作完就走了。他心裡想的是什麼？他受的是什麼感動？

在這裡參加工作的，有的同學付出很多，沒有參加的，妳作何感想？參加的是行菩薩道，沒有參加的也在行菩薩道。妳能跟《華嚴經》的普賢行願結合到一起嗎？所學必有所用，就是你所學的，一定有他的用。用是什麼？怎麼用的？在用的時候，無論妳在那鋪磚，修路，作供乃至守夜。妳想到我這是普賢行願嗎？如果在勞動的時候，做任何工作的時候，妳說我這是發普賢的行，是普賢的願力，我做的都是普賢的事業，我們同學有這樣想過嗎？沒有想過，以後要改，怎麼改？說一定要發願，一定要想，想就是思惟修，就是禪定，是普賢三昧。

勞動，勞動就是普賢三昧，你能跟他結合到一起，一舉一動，思想一動念，我這是普賢的行願，妳隨時這樣觀，隨時這樣想，比在課堂裡聽課的效果大得多。坐這裡學是要去用，妳到齋堂吃飯，走走著，妳沒有參加工作，妳走走這個路，來回上下，你做什麼感想？這個路，妳們的師父都修了，她也鋪磚，我看她鋪的一天比誰都精進，她也勞動了，妳師父給妳鋪路，妳在這走這個路，有何感想？

如果你現在是普賢願，普賢菩薩修路，普賢菩薩走，不但沒有過，還有功德。如果妳沒做如是想，師父鋪路，徒弟走，走起來很舒服，鋪好了，當然很舒服，到齋堂的路都很舒服，下雨天也不會滑，也不會擔心摔跟頭。如果那個時候，沒有這個念頭，妳有罪過的。師父鋪路，徒弟走，這是菩提道。她鋪的是菩提道，在這個菩提道上走，這就是現在我們所要講的，用妳所作的所行的，會歸普賢行願，《華嚴經》沒有白聽，那聽起來不懂，這個走路該懂，到齋堂吃飯，該懂。

你可以作如是想，都是普賢行願，如果你隨時這樣想，這都是普賢三昧。普賢三昧必須得依著處所，〈普賢三昧品〉講完，就說〈世界成就品〉，世界安住，誰說？普賢菩薩。他從三昧起了之後，就說安住，普賢菩薩的行願不是空的，是建立在實際的行動當中，行動必須得有個世界，行得有個處所。講世界怎麼成就的？怎麼安立的？那就說玄了，玄到什麼程度？到〈世界成就品〉就知道了，現在我們都是安住在普賢的行願。

普賢安住諸大願　獲此無量神通力

一切佛身所有剎　悉現其形而詣彼
一切眾海無有邊　分身住彼亦無量

普賢的大願徧一切處，怎麼徧的？是心徧的。無論正報，普賢身雲，無論依報，普賢所有住的世界；如果能安住普賢的大願，你能得到無邊的神通。不要把這神通看得太深了，吃飯、穿衣、鋪路、供佛、齋僧都是普賢行願，都在徧。

徧是無論你做什麼，正報之中有依報，依報之中有正報，正報依報重重無盡，都是徧的。你有這種觀想是普賢根機的人，他把他的身體觀想的跟虛空一樣的，虛空徧故，身也徧；虛空普徧故，我住法堂，法堂也是徧的，徧一切處，法堂成了虛空，虛空變了法堂。所以普賢行願是徧的，在一切所有的佛剎，佛剎是依報，佛身是正報，普賢菩薩得到他的依報和正報，他要去行普賢願。還有，一切眾生以普賢願，一切的處所像海一樣那麼的寬，那麼的深，是沒有邊際的，以普賢願行的分身住彼，就是每一個佛所安置的處所，佛的所有的剎，佛身無量，佛住的剎所無量。所現的普賢菩薩身雲，亦是無量。

所現國土皆嚴淨　一剎那中見多劫
普賢安住一切剎　所現神通勝無比

震動十方靡不周　令其觀者悉得見

凡是學普賢行願的，沒有這種想，沒有這種知見。不見者就是瞎子，是瞎子自己的過，不是普賢行願的過。普賢行願也如是，你沒有作普賢行願的觀，你沒有作普賢行願的思惟，自己的身心跟普賢行願的所有法門，兩個是隔離的，沒有融在一起。假使能把普賢行願跟你心裡所想的，身體所做的，口裡所說的，融解在一起。你能做到這個樣子，你能夠觀。以身空之心，身體是身空之身，見就是心見，就是智慧見。

這個樣子，虛空可見，虛空就看見了，在虛空還要找什麼東西嗎？沒有了，見即非見，不見即見。看你不是，沒看見你才眞是的，虛空是不可見。但是不見者，不是妄見，而能觀想得到是眞見，眞見虛空。我們的語言都加以觀行，語言當中必須加思惟。

這是觀性菩提，是眞正的菩提道。我們的見不偏，一有障礙就見不到了。能不能見到你這個不偏的見？見你不偏這個見，用你眞見去見你這個不能見不偏的這個見，是妄見。

這個道理就深一點，看一切諸法，全是普賢的身，你能見到一切諸法是普賢的身嗎？一切萬有都是普賢的身雲，無論有情無情，這種見叫眞見，有這種見，看見一切事物都是普賢的身雲。如果見不是，是你的見不普徧。一個人的智慧，一個人的聰明，能見到你的智慧是什麼樣？每個人想想，你能看見你的見，這見是什麼？你能看見你的見嗎？能見之見就是智，智不可見，你能見到智身，智慧身，就是見不見之處，這個見才能普徧。見有一個見處，見就住於這個所見的處，那你就不能普徧。

見普賢菩薩的身徧十方，依正二報，什麼人、什麼眼能見到？有智慧者他的智慧眼所見的，不是肉眼所見到的。因爲慧眼照一切諸法皆空，他只是照沒有見，沒有見故才無所不見，有見故見即無見，這要觀想。

你們說這個老和尚很怪，盡講一些怪話，不是的，是眞話。我是學著說的，學普賢菩薩說的，普賢菩薩如是見，這叫所有的萬有一切都是普賢身。

「所現國土皆嚴淨，一剎那中見多劫。普賢安住一切剎，所現神通勝無比。震動十方靡不周，令其觀者悉得見。」這三個偈頌大多是說「見」，我們一般是說看見的見，夜間很黑暗的，你問一個人，或者問一個道友，你看見什麼？這麼黑，什麼也看不見，那就無見了。那個無見可不行，是肉眼，必須得加光明，沒光明確實什麼也看不見。普賢菩薩是五眼圓明的。因此見，見什麼？所現的國土，以普賢的見都是嚴淨的。

從一念中、一剎那間，能見到無量劫，見多劫，所有一切事實無誤，清清楚楚明明白白。這叫佛眼觀一切。而普賢菩薩在前頭偈頌所說的，這些剎土就是佛所居住的一切剎土，一切諸佛所居的一切國土，普賢菩薩，一一剎中都在那安住，這叫普賢無盡身雲。在一切剎土當中，無論哪一個剎土，所現的神通妙用勝無比，超勝了。除了諸佛之外，無能與他相比。

說他震動超勝，震動十方靡不周，令其觀者悉得見。觀者不是眼睛觀看的觀，是在用你的意慧。得具有觀照般若智慧，能夠使十方震動，觀者悉得見，這得修普賢行的。不是眼見，是心見，心得觀。所以我們念《心經》的時候，觀自在，我們沒有這個觀見不到，見不到就不自在，不自在就處處都是障礙。普賢菩薩還具足什麼？

一切佛智功德力　種種大法皆成滿
以諸三昧方便門　示已往昔菩提行

諸佛行菩提道、普賢菩薩行菩提道的時候，這叫普賢三昧的方便，諸三昧都在普賢三昧之中，三昧之中的方便法門，在這個方便法門中示現往昔修菩提道。三昧本來是定，以普賢三昧的方便，方便就是慧，方便就是種種法門。

怎麼能進入究竟成就了普賢三昧？那是說往昔所修行的，覺悟了，悟得菩提，我們現在是本具菩提，具是具足的，既沒悟，更談不上證，這個偈頌就是這個樣子。現在成就菩提行，成就是怎麼來的？往昔在因地修行菩提行，現在證得菩提果，證得菩提果是什麼景象？

如是自在不思議　十方國土皆示現
為顯普入諸三昧　佛光雲中讚功德

讚歎上面所說的偈頌，說這種自在不是用凡心所能測度出來的，甚難思議，示現普賢三昧的方便善巧，所以才能夠自在。我們沒有這種方便善巧，在這個惑業當中不自在。爲什麼不自在？因爲往昔沒有行菩提行，所以不能進入菩提道。

我們之所以不自在，簡單說，是因爲沒有觀照。般若的三種次第，最初得學，學完了起觀照，觀照了證得了，才能自在。學般若，先學文字般若，後學觀照般若，才能證得究竟般若。證得究竟是什麼？是實相般若，普賢菩薩皆得自在了。普賢菩薩入普賢三昧，從普賢三昧起定出定。

大衆見普賢菩薩入定出定，他一出定的時候，在會的大衆菩薩得到出定的利益，證得很多三昧。現在還沒有說話，就是一入定一出定，出定了，大衆請他說說普賢三昧。

◎大衆讚請分

爾時一切菩薩眾。皆向普賢。合掌瞻仰。承佛神力。同聲讚言。

說讚歎話，要有佛的神力，沒有佛神力加持，不知道怎麼樣讚歎。現前觀到普賢菩薩入三昧、出三昧的大衆向普賢請示，以前常在佛前的大衆，現在所來的請示者，新的菩薩、舊的菩薩都有。

從諸佛法而出生　亦因如來願力起
真如平等虛空藏　汝已嚴淨此法身

顯示什麼？「眞如平等虛空藏，汝已嚴淨此法身」，讚歎普賢菩薩。大德已經能夠從諸佛法而出生微妙的智慧，證得如來的法身，爲什麼？因爲如來的願力，也是普賢的願力。

顯示眞理，這個眞理是眞如平等虛空藏。眞如是平等的、虛空是平等的、拿虛空比喻如來的平等、眞如的平等，諸法一切皆平等，現在平等的法身就是清淨的法性眞如的實際理體，已經嚴淨了，莊嚴清淨。

讚歎就是能夠以方便善巧、智慧顯示此法門，就舉這個法門，請求普賢說。同時讚歎普賢的因果深廣的德，德者就是得道於心，得到這個因果深廣，甚深微妙的道理，普賢菩薩從他入三昧、出三昧，證明他已經得到了。

諸法是實實在在的，請他說說因、過去所種的因，完了又讚歎他，能遍入一切塵剎，顯示這法的德。過去的因深，現在能說的果海，在果德上顯示。證得清淨法身，因和果，要明這個因，明這個果。因爲修法，依佛所說的教法修，在義理通達了，你聞法的因緣，修法這個因緣，對待義理都通了，這叫緣。

過去發的大願，緣必有因，過去的大願就是因，因緣成熟了，依著自己本具的眞如平等性，這叫因。

眞如是什麼？眞如不空，就是如來的性體，這叫虛空藏，含藏一切諸法是平等平等的。

一切佛剎衆會中　普賢徧住於其所
功德智海光明者　等照十方無不見

這句話，因中具足智慧莊嚴，具足般若智慧，能照明一切，智慧的光照一切，就具足功德的嚴佛國土。這個佛國土是指一切諸佛所居的國土，都是莊嚴的，也就是華藏世界。

普賢廣大功德海　徧往十方親近佛
一切塵中所有剎　悉能詣彼而明現

佛子我曹常見汝　諸如來所悉親近
住於三昧實境中　一切國土微塵劫

這位讚歎的菩薩說，「佛子」是指普賢，佛子我常時看見你，爲什麼？因爲在一切的佛國土都有你在場。因爲你住普賢三昧，普現一切如來前，乃至一切國土，經過塵剎那麼多的時間，都在那兒供養佛，助佛揚化，這是讚歎普賢菩薩的偈頌。這是讚歎在諸佛國土裡頭都有普賢住著，普賢就住在諸佛國土中。十方的菩薩座前都有普賢菩薩，普賢的行願徧十方。

佛子能以普徧身　悉詣十方諸國土
眾生大海咸濟度　法界微塵無不入

以無盡身雲，十方諸國土，都有你助佛揚化。不論眾生在什麼國土、什麼世界，一切眾生，你都能夠濟度，「眾生大海咸濟度，法界微塵無不入」，在法界之中沒有一個微塵不是你行普賢行願的。

這個偈頌，我們能讚歎出來嗎？讓每位道友讚歎讚歎普賢菩薩入三昧出三昧，你要是寫不出來、讚歎不出來，可以照抄，照什麼抄？照著〈普賢行願品〉抄，用〈普賢行願品〉來讚歎他。說我不會做也不會抄，那你就念一遍〈普賢行願品〉，全都具足了。

不過，這個地方是略說，在〈離世間品〉是廣說。〈離世間品〉，「普慧雲興二百問」，就佔了好多篇幅，「普賢瓶瀉二千酬」，就是問一答十，你說要好多文字、好多篇幅，把這個問答寫出來。每個問答還經過辯論，《華嚴經》份量所以比較大，就在互相酬暢問答，每個問答不是問十個，就是一百個。這一答，也許答十，也許答一。有時你問了好多問題，前面的〈如來現相品〉就是這樣子，問了些問題，佛一放光就全部答了。當時的大眾是得度了，未來？佛前面所放光的出現，整部《華嚴經》都是佛在光明答覆的，把他變成文字，變成語言。普賢菩薩入三昧出三昧，也是答覆這些問題。

入於法界一切塵　其身無盡無差別
譬如虛空悉周徧　演說如來廣大法
一切功德光明者　如雲廣大力殊勝
眾生海中皆往詣　說佛所行無等法
為度眾生於劫海　普賢勝行皆修習
演一切法如大雲　其音廣大靡不聞

這三個偈頌都是讚歎演說甚深的妙義大法。一者這些法特別殊勝，涵義非常深。二者所說諸法都是諸佛所行的，說他功德殊勝力，二種莊嚴，依正二報。舉他的因果，顯他的這些修行所成就的德，德是怎麼來的？行普賢行來的，無量劫行普賢行，因圓了成就果滿。

國土云何得成立　諸佛云何而出現
及以一切眾生海　願隨其義如實說

這是請他說法的，說那些國土莊嚴怎麼成立的？下文，普賢菩薩要說〈華藏世界品〉，華藏世界所說的那些國土是怎麼成立的？爲什麼毗盧遮那佛在華藏世界出現？佛是什麼因緣出現？度衆生，一定是有道理的，但是請你如實說這個道理。這個如實說，可不是說假話的如實，稱著法性理體，稱性而談，我們經常稱性而談，隨著法界性，稱眞智而演，而演隨緣義。在後文〈十通品〉、〈十定品〉、〈十忍品〉這三品，就說普賢菩薩入三昧所現的境界。

此中無量大眾海　悉在尊前恭敬住
為轉清淨妙法輪　一切諸佛皆隨喜

這個偈頌說現前的大衆，我們都恭恭敬敬的請你說法。說什麼法？清淨法輪，你要說法，諸佛都隨喜讚歎的。因爲普賢菩薩可以承受堪任說這種大法，而一切諸佛外力加持，就是殊勝的因緣，因此現在請你說法。

怎麼如實說？上順佛心、下隨衆生的要求。這些大菩薩在普賢菩薩出定的時候，對他有如是請求。現在令知世間，現在這個世間正見已經不生，在這個世間，正教不能流通，正見不生、斷滅佛種，諸有智者應當勤修行。

行沒得到，善根種子種下去了，在未來世，你種善根的殊勝因緣能夠得成就。這個是讚歎普賢菩薩的德，能夠隨順佛，佛放的一切光明，佛在毛孔，汗毛孔放的光明，眉間放的光明，這些光明說的法，普賢菩薩來把他宣示給大衆，這些大菩薩請他再如實說，讚歎普賢的德行。

以下的三品都叫三昧。解釋三昧的名字，釋普賢三昧的體和用，讚歎三昧所得的成就。這叫「毗盧遮那如來藏身」，也叫「光明徧照」，翻成華言叫「光明徧照」，這是解釋普賢三昧的體和妙用。若能得入這個三昧體，這個三昧體是什麼？普賢三昧，以這個定所起的妙用，入定也好，出定也好，體的自然表現，沒有入出之相。入也是用，出也是用，入三昧是體，出三昧也是體，這是一切化度衆生，化度一切衆生、方便善巧的智慧，這就叫普賢三昧。

大方廣，佛的體相用，衆生具足的體相用，他是深廣無盡的，乃至十方諸佛，一切六道衆生都具足的，普賢三昧都具足的，一個起妙用，一個不起妙用。

在〈如來出現品〉，那些菩薩的問答，他生起疑念，大概總結三十七問，云何是佛地？云何是佛？云何是佛的眼耳鼻舌身意？現在普賢入的三昧，一入一出也是答菩薩怎麼樣修行，怎麼樣用，怎麼樣體會「體」，該通諸法，無法不盡。這個又名普賢菩薩，他契合佛的根本智，也契合佛的後得智，因爲契合佛的利益衆生的事業，所以感到十方諸佛手摩其頂。

普賢菩薩從三昧起的時候，他的定、體和根用，一切衆生都懷疑，這個衆生是指在會的大菩薩，當時的華嚴法會，沒有我們的份。現在我們能學華嚴三昧，乃至聽一聽普賢三昧這個定的名字，聞聞普賢三昧的經過。我們知道了，諸佛的根本智是定的體，普賢菩薩利益衆生的事業是大用，這個三昧是以諸佛根本智爲空體，爲定體，將此普賢妙智去利益衆生。此定的用，就是普賢三昧。

這品所說的都是形容普賢三昧。

普賢三昧品　竟

國家圖書館出版品預行編目資料

如來現相品 第二.普賢三昧品 第三/夢參老和尚主講;方廣編輯部整理.
— 初版. — 臺北市： 方廣文化, 2013.12
冊； 公分. —（大方廣佛華嚴經 ；4）
ISBN 978-986-7078-50-6（精裝）
1.華嚴部
221.22 102024335

大方廣佛華嚴經《八十華嚴講述》④

如來現相品 第二．普賢三昧品 第三

主　　講：夢參老和尚
編輯整理：方廣文化編輯部
封面攝影：仁智
美編設計：隆睿
印　　製：鎏坊工作室
出　　版：方廣文化事業有限公司
住　　址：台北市大安區和平東路
電　　話：02-2392-0003
傳　　真：02-2391-9603
◎地址變更：2024年已搬遷
通訊地址改爲106-907
台北青田郵局第120號信箱
（方廣文化）
劃撥帳號：17623463　方廣文化事業有限公司
網　　址：*http://www.fangoan.com.tw*
電子信箱：*fangoan@ms37.hinet.net*
裝　　訂：精益裝訂股份有限公司
出版日期：2021年 11月 初版3刷
定　　價：新台幣360元（軟精裝）
經 銷 商：聯合發行股份有限公司
電　　話：02- 2917-8022
傳　　真：02- 2915-6275
行政院新聞局出版登記證：局版臺業字第六〇九〇號
ISBN：978-986-7078-50-6
No.H210　　*Printed in Taiwan*

夢參老和尚系列
書　籍

方廣文化出版品目錄〈一〉

● 八十華嚴講述

HP01 大乘起信論淺述 (八十華嚴導讀一)
H208 淺說華嚴大意 (八十華嚴導讀二)
H209 世主妙嚴品 (第一至三冊)
H210 如來現相品・普賢三昧品 (第四冊)
H211 世界成就品・華藏世界品・毘盧遮那品 (第五冊)
H212 如來名號品・四聖諦品・光明覺品 (第六冊)
H213 菩薩問明品 (第七冊)
H214 淨行品 (第八冊)
H215 賢首品 (第九冊)
H301 升須彌山頂品・須彌頂上偈讚品・十住品 (第十冊)
H302 梵行品・初發心功德品・明法品 (第十一冊)
H401 升夜摩天宮品・夜摩宮中偈讚品・十行品・十無盡藏品 (第十二冊)
....陸續出版中....

● 華 嚴

H203 華嚴經淨行品講述
H324 華嚴經梵行品新講 (增訂版)
H205 華嚴經普賢行願品講述
H206 華嚴經疏論導讀
H255 華嚴經普賢行願品大意

● 天 台

T305A 妙法蓮華經導讀

● 楞 嚴

LY01 淺說五十種禪定陰魔—《楞嚴經》五十陰魔章
L345 楞嚴經淺釋 (全套三冊)

方廣文化出版品目錄〈二〉

夢參老和尚系列
書 籍

● 地藏三經

地藏經

D506 地藏菩薩本願經講述 (全套三冊)
D516A 淺說地藏經大意

占察經

D509 占察善惡業報經講記 (附HIPS材質占察輪及修行手冊)
D512 占察善惡業報經新講

大乘大集地藏十輪經 D507 (全套六冊)

D507-1 地藏菩薩的止觀法門 (序品 第一冊)
D507-2 地藏菩薩的觀呼吸法門 (十輪品 第二冊)
D507-3 地藏菩薩的戒律法門 (無依行品 第三冊)
D507-4 地藏菩薩的解脫法門 (有依行品 第四冊)
D507-5 地藏菩薩的懺悔法門 (懺悔品 善業道品 第五冊)
D507-6 地藏菩薩的念佛法門 (福田相品 獲益囑累品 第六冊)

● 般 若

B411 般若波羅蜜多心經講述 (合輯本)
B406 金剛經
B409 淺說金剛經大意

● 開 示 録

S902 修行 (第一集)
Q905 向佛陀學習 (第二集)
Q906 禪・簡單啟示 (第三集)
Q907 正念 (第四集)
Q908 觀照 (第五集)

方廣文化出版品目錄〈三〉

地藏系列	D503	地藏三經（經文版） （地藏菩薩本願經、大乘大集地藏十輪經、占察善惡業報經）
	D511	占察善惡業報經行法（占察拜懺本）（中摺本）
華嚴系列	H201	華嚴十地經論
	H202	十住毘婆沙論
	H207	大方廣佛華嚴經（八十華嚴）（全套八冊）
般若系列	B402	小品般若經
	B403A	大乘理趣六波羅蜜多經
	B404A	能斷金剛經了義疏（附心經頌釋）
	B408	摩訶般若波羅蜜經（中品般若）（全套三冊）
天台系列	T302	摩訶止觀
	T303	無量義經（中摺本）
	T304	觀普賢菩薩行法經（中摺本）
部派論典系列	S901A	阿毘達磨法蘊足論
	Q704	阿毗達磨俱舍論（全套二冊）
	S903	法句經（古譯本）（中摺本）
瑜伽唯識系列	U801	瑜伽師地論（全套四冊）
	U802A	大乘阿毗達磨集論
	B803	成唯識論
	B804A	大乘百法明門論解疏
	B805	攝大乘論暨隨錄
憨山大師系列	HA01	楞嚴經通議（全套二冊）

方廣文化出版品目錄〈四〉

密宗系列

M001　菩提道次第略論釋（全套四冊）
M002　勝集密教王五次第論
M003　入中論釋
M004　大乘寶要義論(諸經要集)
M006　菩提道次第略論
M007　寂天菩薩全集
M008　菩提道次第廣論
M010　菩提道次第修法筆記
M011　白度母修法(延壽法門修法講解)
M012 A　中陰－死亡時刻的解脫
M018　菩提道次第廣論集註（卷一～卷十三）
M019　佛教的本質－《佛教哲學與大手印導引》
M020　業的力量－(與死亡的恐懼共處)

能海上師系列

N601　般若波羅蜜多教授現證莊嚴論名句頌解
N602　菩提道次第論科頌講記
N345　戒定慧基本三學
N606　能海上師傳
N607　現證莊嚴論清涼記
N608　菩提道次第心論

論頌系列

L101　四部論頌(釋量論頌 現證莊嚴論頌 入中論頌 俱舍論頌)
L102　中觀論頌（中摺本)
L103　入菩薩行論頌（中摺本)
L104A　彌勒菩薩五部論頌
L105A　龍樹菩薩論頌集
L106　中觀論頌釋
R001　入中論頌（小摺本)

方廣文化出版品目錄〈五〉

南傳佛教系列

SE05 七種覺悟的因素
SE06 南傳大念處經 (中摺本)
SE07 三十七道品導引手冊 (阿羅漢的足跡增訂版)
SE08 內觀基礎 《從身體中了悟解脫的真相》
SE09 緬甸禪坐 《究竟的止觀之道》(增訂版)

其他系列

Q701 單老居士文集
Q702 肇論講義
Q703B 影 塵-倓虛老法師回憶錄
Q705 佛學小辭典 (隨身版)
ZA01 參 禪《虛雲老和尚禪七開示》
ZA02 禪淨雙修《虛雲老和尚開示錄》
Z005《禪宗公案》-李潤生著

方廣文化事業有限公司
http://www.fangoan.com.tw